개의 문제행동

실제 사례로 알아보는 애견 길들이기

처방전 2

Accept & Control to be good friends

Doggy Labo 대표 **나카니시 노리코**

이도규 역

머리말

저는 견주(犬主) 분 댁에 출장 가서 개 길들이기를 코칭하는 '도기 라보'를 운영하고 있습니다. 어느 날, 견주 분이 이런 말씀을 하셨습니다.

견주: "개는 어린 자식 같아요."
저자: "하지만 자식은 아니지요."
견주: "네? 그렇지만 가족이잖아요?"
저자: "예, 소중한 가족입니다."

이 대화에 대해서 다양한 의견과 감상이 있으리라 생각합니다. 개를 대하는 방법은 사람마다 다릅니다. 타인에게 불편을 끼치거나 개에게 위험, 또는 불쾌감이 없다면 그 견주가 편안하게 느끼는 방식으로 대하는 것이 가장 좋겠지요.

저희 집의 고(故) '록', '고타로', '액셀', '홀라', '아틀라스', '엘리오스'(모두 미니어처 슈나우저), '버디(보스턴 테리어)'는 저에게 다른 무엇과도 바꿀 수 없는 존재이며, 사랑하고 지켜주고 싶은 소중한 가족입니다.

하지만 저는 그들을 '제 자식'이라고 생각하지는 않습니다. "'사람'과 '개'라는 종(種)의 차이를 존중하고 싶다"라는 것이 제 직업에서 중요한 방침이기 때문에 어린 자녀라고 생각할 수 없는 것일지도 모릅니다. 그러므로 혹시 '고타로 엄마'라고 불리는 일이 있으면 약간 위화감을 느낍니다.

물론 애견을 어린 자녀처럼 귀여워하는 견주도 많이 계시고, 그 마음은 이해하려고 노력합니다. 그리고 서로 상대방의 애견 이름으로 'ㅇㅇ 엄마', 'ㅇㅇ 아빠'라고 부르는 문화도 존중하고 싶습니다. 무섭게 생긴 아버지가 '히메 아빠' 등으로 불리는 것을 보면 마음이 무척 훈훈해집니다.

그러면 '가족'은 어떨까요? 만약 혈연관계가 없더라도 함께 생활하면서 서로 배려하고 지탱해 준다. 그것이 가족이라고 한다면 개들은 저의 소중한 가족입니다.

견주들께서 "저희 아가는 자기가 '사람'인 줄 알고 '개'라고 생각하지 않아요"라는 이야기를 자주 하십니다. 저는 개가 자기 자신을 '사람이라고 생각하지도 않고 개라고 생각하지도 않는다'라고 느낍니다. 또한 사람을 '개'라고 생각하지도 않습니다. 개는 '사람'과 '개'라는 개념을 모르는 게 아닐까요?

그들은 우리를 '사람'이라고 생각하는 것이 아니라, 우리들을 있는 그대로 받아들이고 있다는 것이 제 생각입니다. 두 발로 걷고, 앞발(양 손)을 사용하고, 그 앞발로 쓰다듬어 주거나 안아 주고, 그리고 이상한 소리(언어)를 낸다……. 우리들 인간을 그런 동물이라고 인식하고 있을지도 모릅니다.

그러면 사람은 개라는 동물을 존중하고 받아들이고 있을까요? 개들과 함께 생활하면 그들은 자신들의 습성에 따라 사람을 대하려고 하는 일도 있을 것이고, 주인과 같은 행동을 하고 싶어 하는 일도 있을 것입니다.

견주는 개의 그런 행동을 가끔씩 '제멋대로'라고 받아들이기도 합니다. 개들은 자기 멋대로 함부로 구는 게 아니라, 하고 싶은 행동을 하고 있는(또는 하고 싶다고 주장하고 있는) 것뿐입니다. 여건이 허락되지 않는다면 그 행동을 하지 않도록 견주가 도와주고 가르쳐야만 하는 것입니다.

제가 생각하는 개와의 이상적인 관계란, '되도록이면 그들의 습성을 받아들여 주는 관계'입니다. 만약 받아들이기에는 사정이 여의치 않은 행동이 있다고 해도, 가르쳐서 바꿀 수 있는 행동이라면 바꾸어 주는 것이 서로가 행복하겠지요. 그리고 그것을 도와드리는 것이 제가 할 일이라고 생각합니다.

전작 '개의 문제행동 처방전'에서 저(도기 라보)의 방침으로 'ACCEPT=받아들이기', 'CONTROL=이끌기', 이 두 가지를 소개했는데 이것이 진화했습니다.

'ACCEPT = 받아들이기',
'HELP = 돕기'

지금은 이 두 가지를 들고 싶습니다. 'CONTROL'이라는 표현에 다소 저항을 느끼기 시작했기 때문에 'HELP'로 바꾸고 싶다고 생각한 것입니다.

사람과 공생함에 따라 사람의 생활에 맞춰 습성을 억누를 것을 강요당하는 개들. 그래도 그들은 우리를 받아들이려고 해 줍니다. 그런 그들에게 감사를 표하면서 '함께 살기 위하여 서로 돕기'라는 마음을 담아 보았습니다.

이번에도 논픽션 실제 사례에 여러 가지 느낀 점과 길들이기 조언을 가득 담았습니다. 지난번과 마찬가지로 모든 내용이 독자님의 애견에게 반드시 딱 맞는 것은 아닙니다. 혹시 '우리 애와 똑같아!'라고 느껴지는 사례가 있으면 참고로 해 주시면 기쁘겠습니다.

'개의 문제행동 처방전'에 다 싣지 못했던 원고를 다시 읽어보고 진화시켜서 추가와 수정을 거쳐 이 책을 만들었습니다. 지난번에 이어서 이번에도 힘써 주신 미도리쇼보 출판사의 가와다 히사에 씨에게 깊이 감사드립니다.

그리고 '개의 문제행동 처방전'을 읽어 주신 모든 분들께도 감사드립니다. 이 제 2권도 부디 즐겁게 읽어 주시면 정말 기쁘겠습니다.

또한 이 책에 게재한 개들의 생후 개월 수 및 연령은 제가 그들을 만났을 때를 기준으로 한 것입니다. 이름은 견주의 사생활 보호를 고려하여 가명을 사용한 것도 있습니다. 너그럽게 양해 부탁드립니다.

contents

머리말 02

개다운 행동이란?
사람과 개의 공생 — 11
- 진심은 어떻게 하고 싶은 걸까? 12
- '개다운 행동'과 길들이기, 훈련의 관계 ◆ 보르조이 18
- 애견의 문제행동에 대처하는 진화판 프로그램 24

문제행동 part 1
물기, 으르렁대기 — 41
- '무는 개'는 정말로 공격적일까? 42
- 물게 된 이유 ◆ 토이 푸들 48
- 물리지 않게 된 견주 ◆ 빠삐용 56
- 안아줄 수 없는 '맹견' ◆ 치와와 63
- 식사 시간은 즐거운 것! ◆ 시바견 67
- column • '으릉캔'의 올바른 사용법 73

문제행동 part 2
말썽 피우기 — 75
- 말썽 권유!? ◆ 미니어처 슈나우저 76
- 가끔씩은 함께 긁적긁적! ◆ 잭 러셀 테리어 82
- column • 지워질 뻔한 생명 87

| 문제행동 part 3
다른 개와의 관계 | 93 | 어떤 개든지 다 사이좋게? ◆ 웨스트 하이랜드 화이트 테리어 94
예전 개도 너도 사랑해 ◆ 골든 리트리버 100 |

| 문제행동 part 4
'화장실 문제'를 생각하다. | 107 | 대소변을 가리면 아껴 둔 간식을! ◆ 토이 푸들 108
화장실 길들이기 방법 ◆ 미니어처 슈나우저 113
column • 쓰다듬으면 개는 반드시 기뻐한다? 119 |

| 문제행동 part 5
견주를 얕잡아 본다!? | 123 | '유능한 주인님!'이라고 생각하게 만들기 ◆ 이탈리안 그레이 하운드 124
애견이 '안심'할 수 있는 견주 되기 ◆ 와이어 폭스 테리어 129
column • 견종에 대하여 135 |

문제행동 part 6
말을 듣지 않아요.
141

'불러도 오지 않는' 것은? ◆ 미니어처 슈나우저 **142**

아빠가 없으면…… ◆ 래브라도 리트리버 **146**

문제행동 part 7
산책 고민
151

길에 떨어진 것을 주워 먹어요 ◆ 비글 **152**

column ● 먹이를 바닥에 던져주면 안 된다? **157**

문제행동 part 8
다수 사육 트러블
159

사이 좋은 남매 권유 ◆ 웰시 코기 펨브록 **160**

※ 참고로 각 사례에서 등장한 애견의 견종을 기재하였습니다.

문제행동 part 9
무조건 무서워해요   165

가족 이외의 사람을 모두 무서워해요 ◆ 치와와 **166**

column • 애견문화를 지키는 매너 **172**

문제행동 part 10
짖기   179

체벌로 개선되지 않은 '초인종 짖기' ◆ 미니어처 슈나우저 **180**

'전투'보다 '맛있어'! ◆ 미니어처 슈나우저 **187**

중성화 수술과 짖기의 관계 ◆ 노퍽 테리어 **191**

column • 중성화 수술은 개에게 도움이 된다? **197**

문제행동 part 11
집 보기   201

'외출'은 왜 들키는 걸까? ◆ 보더 콜리 **202**

맺음말 **206**

참고문헌

사람, 개를 만나다 / 콘라트 로렌츠 저 / 하야카와쇼보
『人イヌにあう』 コンラート・ローレンツ著 （早川書房）

개의 행동학 / 에베르하르트 트루믈러 저 / 중앙공론신사
『犬の行動学』 エーベルハルト・トルムラー著 （中央公論新社）

동물감각―애니멀 마인드를 읽고 이해하기 / 템플 그랜딘, 캐서린 존슨 저 /NHK 출판
『動物感覚―アニマル・マインドを読み解く』 テンプル・グランディン、キャサリン・ジョンソン著 （NHK出版）

동물이 행복을 느낄 때―새로운 동물 행동학으로 알아보는 애니멀 마인드 / 템플 그랜딘, 캐서린 존슨 저 /NHK 출판
『動物が幸せを感じるとき―新しい動物行動学でわかるアニマル・マインド』 テンプル・グランディン、キャサリン・ジョンソン著 （NHK出版）

잘 지내기 위한 강화원리―반려묘 (猫) 에서 배우자까지 / 캐런 프라이어 저 / 니헤이샤
『うまくやるための強化の原理―飼い猫から配偶者まで』 カレン・プライア著 （二瓶社）

무츠고로의 동물 교제술 / 하타케 마사노리 저 / 분게이슌쥬
『ムツゴロウの動物交際術』 畑正憲著 （文芸春秋）

개도 아무렇지 않게 거짓말을 한다?/ 스탠리 코렌 저 / 분게이슌쥬
『犬も平気でうそをつく?』 スタンレー・コレン著 （文芸春秋）

나 자신을 믿고 살기―인디언의 방법 / 마츠키 다다시 저 / 쇼가쿠칸
『自分を信じて生きる―インディアンの方法』 松木正著 （小学館）

레드맨의 마음―'동물기'의 시튼이 모은 북미 인디언 영혼의 가르침 / 어니스트 시튼 저 / 기타자와 도서출판
『レッドマンのこころ―「動物記」のシートンが集めた北米インディアンの魂の教え』 アーネスト・シートン著 （北沢図書出版）

개를 죽이는 것은 누구인가 ? 애완동물 유통의 어둠 / 오타 마사히코 저 / 아사히 신문출판
『犬を殺すのは誰か ペット流通の闇』 太田匡彦著 （朝日新聞出版）

동물행동의학―개와 고양이의 문제행동 치료지침 / 캐런 오버롤 저, 모리 유지 감수 / 미도리쇼보・축산출판사
『動物行動医学 イヌとネコの問題行動治療指針』 Karen L. Overall 著、森裕司監修 （緑書房／チクサン出版社）

행동분석학 입문 / 스기야마 나오코 저 / 슈에이샤
『行動分析学入門』 杉山尚子著 （集英社）

커밍 시그널 / 투리드 루가스 (Turid Rugaas) 저 / 에이디서머스
『カーミングシグナル』 テゥーリッド・ルーガス著 （エー・ディー・サマーズ）

'개다운 행동'이란?

사람과 개의 공생

기본적인 길들이기를 마스터한 견주와 개의 관계에는
변화가 나타나기도 합니다.
더 강하고 성숙한 교감을 갖기 위하여 어떻게 하면 좋
을지 생각해 봅시다.

사람과 개의 공생

'개 다운 행동' 이란?

진심은 어떻게 하고 싶은 걸까?

전작 '개의 문제행동 처방전'에서 맨 처음에 썼지만, 복습도 할 겸 다시 한 번…. 저는 '길들이기'와 '훈련'을 아래와 같이 구분하여 생각하고 있습니다.

'길들이기'란 견주가 직접 애견과 관계를 쌓는 것입니다. 그리고 '훈련'이란 무엇을 해야 되는지를 개에게 가르치는 것입니다. 길들이려면 훈련이 필요하고, 길들여져 있어야 훈련이 성립한다고 할 수도 있습니다. 이 사고방식을 바탕으로 초심으로 돌아가, '개를 길들일 필요가 있을까?'라고 제 자신에게 질문을 던져 보았습니다.

저의 애견 '액셀(미니어처 슈나우저/수컷)'은 저희 집에 먼저 들어온 선배 개 '록'과 '고타로'(둘 다 미니어처 슈나우저/수컷)의 어린 시절과 비교하면 몇 배나 말썽꾸러기였고 장난치기를 좋아했습니다.

제가 부모님 댁에 데리고 갔더니 부모님이 기르시는 개들도 올라가지 못한다는 계단을 저희 가족들이 오르내리는 것을 보고 눈 깜짝할 사이에 올라갈 수 있게 되었습니다. 1층에서 액셀의 모습이 보이지 않아서 이름을 불러 봤는데 2층에서 허둥지둥 내려왔습니다. 왠지 불길한 예감이 들어서 마음에 걸려 2층에 가 보니, 베란다 문 앞에 '응가'가…….

저와 함께 올라온 어머니와 여동생은 "액셀은 혼나야겠네"라며 쓴웃음을 지었습니다. 한창 육아 중이었던 여동생은 액셀을 안아 들어

올려 얼굴을 맞대고 "이놈, 액셀. 나쁜 녀석"이라고 말을 걸었지만, 액셀은 제 여동생의 코를 날름 핥으며 애교를 부렸습니다.

그러면, 정말로 액셀은 나쁜 개일까요? 저는 그렇게 생각하지 않습니다. 오히려

K9 게임 대회에 출전했을 때의 저 (나카니시)와 '액셀'. 훈련의 성과는 서서히 발휘되었습니다.

'작업의욕이 높다'라고 평가해 주고 싶습니다.

액셀이 2살이 되었을 때, K9 게임(※1)에 도전하게 되었습니다. 그 전에도 확실하게 길들이긴 했다고 생각했지만 훈련다운 훈련은 한 적이 없어서, 우선 선배 훈련사가 저에게 '클리커 트레이닝(※2)'을 가르쳐 주기로 했습니다.

그 당시 제가 공부하러 다녔던 가정견 훈련소의 방침은 그런 도구를 일절 사용하지 않는 것이었기 때문에, 클리커는 매우 신선한 경험이었습니다. '이리 와', '앉아', '엎드려', '기다려' 등의 기본적인 것은 이미 가르쳐 놓아서, 클리커의 장점을 살려 네 발로 빙글 도는 스핀과 앞발을 올려 제 손에 대는 터치, 장애물을 뛰어넘고 터널을 통과하는 것도 가르쳤습니다. 액셀은 처음에는 망설이는 것 같았지만, 어떻게 하면 되는지 알고 나서는 득의 양양히 잘 하게 되었습니다. 그것은 10살이 된 지금도 변함없습니다.

처음에는 집 안에서, 그 다음에는 서서히 산책길에 지나는 광장이나 근처 공원 등에서 훈련하도록 해서 자극이 있는 환경에서도 지시에 따를 수 있게 했습니다.

하지만 처음 출전한 '제 1회 일본 K9 게임'에서는 행사장 스피커에

※1. '케이나인(K9)'은 '개과의(canine)'라는 뜻입니다. 'K9 게임'은 견주와 개가 함께 즐기는 게임입니다.
※2. 버튼을 누르면 '딸깍'하고 소리가 나는 장난감 같은 것을 '클리커'라고 합니다. '클리커 트레이닝'은 소리에 따라 조건을 붙이는 것을 이용한 훈련방법입니다.

사람과 개의 공생

'개 다운 행동' 이란?

서 나는 큰 소리에 액셀이 놀라 몸이 굳더니 이윽고 떨기 시작했습니다. '음향 샤이(shy)'라는 것인데, 큰 소리가 무서워서였겠지요. 그것이 원인이 되어 리허설 날에 액셀은 제 지시에 전혀 따르지 못하게 되고 만 것이었습니다. 제 2회 행사장은 야외였습니다. 액셀은 지면의 냄새를 맡기 바빠서, 역시나 제 지시에 그다지 잘 따라 주지 않았습니다. 이것은 야외 훈련이 부족했기 때문이기도 합니다.

제 3회쯤부터 저와 함께 필드에서 훈련한 성과가 나오기 시작했는지 냄새에 신경 쓰지 않고 지시를 기다리는 듯한 모습을 볼 수 있게 되었습니다. 액셀을 유도하기 위해 사용한 간식도 '아주 좋아하는 치즈'에서 '그냥저냥 좋아하는 육포'로 점점 등급을 낮출 수 있게 되었습니다. 현재는 간식을 쓸 필요가 거의 없습니다. 훈련을 계속함으로써 성과가 나오는 것을 실감했을 따름입니다.

훈련은 평소 생활에도 영향을 끼칩니다. 액셀은 저와 눈만 마주쳐도 자기가 하고 있던 행동을 중단하고 제 눈치를 살피면서 자기가 무엇을 하면 될지를 이해하려고 합니다.

제가 지시를 내릴 마음이 없을 때도 액셀은 그런 식으로 기대하게 되었습니다.

물론 지시에 따라주는 것은 대단히 고마운 일입니다. 부르면 금세 오고, 제가 좋아하지 않는 행동은 안 된다고 말하면 즉시 그칩니다(단, 흥분했을 때 짖는 것은 무아지경이 되므로 그치게 하기가 어려워집니다. 액셀은 어린 강

'액셀(사진 오른쪽)'과 '아틀라스'. 저와의 관계에는 각자 차이가 보입니다.

14

아지 시절부터 그런 경향이 있었는데, 나이를 먹으면서 더 심해진 느낌이 듭니다).

액셀은 부르면 기쁜 듯이 달려오지만 저와 함께 훈련을 한 적이 거의 없는 저희 집 '아틀라스(미니어처 슈나우저/수컷/액셀보다 젊음)'는 불러도 즉시 오지는 않습니다. 게다가 별로 기뻐 보이지 않습니다(^^).

저희 집의 유일한 암캐, '훌라'입니다. 사람이 자기를 부르는 것보다 자기를 데리러 와 주는 것을 좋아합니다.

저: "아틀라스!"

아틀라스(이하 '아'): "왜?"

저: "이리 와."

아: "왜?"

저: "이리 오라고!"

아: "어, 화났어?"

저: "빨리!" (※)

아: "어쩔 수 없지……." (내키지 않음.)

이렇게 몇 번 부르다가 제 목소리 톤이 바뀌면 그제야 느릿느릿 오는 식입니다. '지금은 가기 싫어'라는 자기주장을 하는 것입니다. '고타로'도 '훌라(미니어처 슈나우저/암컷/아틀라스의 어미)'도 훈련다운 훈련은 한 적이 없기 때문에 비슷한 느낌입니다.

훌라는 저에게 "여기로 와!"라고 말하는 듯한 느낌으로 기다리고 있을 때가 많다는 생각이 드는데, 그것은 제가 데리러 간 적이 있기 때문입니다.

※ "빨리!"라는 지시는 실제로 가르치지는 않았지만 뉘앙스가 전달되는 모양입니다.

사람과 개의 공생

'개 다운 행동' 이란?

고타로는 못 들은 척을 합니다(˘). 벌써 13년 가까이 함께 살고 있어서인지, 제가 불렀을 때 가지 않는 것 정도로 크게 혼나는 일은 없다는 생각이라도 하는 것이겠지요. 아니, 생각을 한다기보다는 통계적으로 학습한 것입니다. 불렀는데 가지 않은 횟수 중에서 몇 번이나 혼났는지 계산하여 가는 게 좋을지, 아니면 안 가도 될지를 판단한 게 아닐까요? 물론 개는 그런 번거로운 계산을 하는 게 아니라, 경험으로 학습했다는 것입니다.

그런 저희 집 애견들이지만 저에게는 즉시 와 주는 액셀도 귀엽지만 오지 않는 아틀라스의 행동도 아틀라스 '다움'이 드러나서 귀엽게 느껴집니다(물론, 오지 않아도 난처할 일이 없는 상황에 한해서입니다). 거의 없는 일이긴 하지만, 정말로 불러서 오게 해야만 될 때는 제 지시의 박력이 다르기 때문에 아틀라스도 그 분위기를 눈치 채고 주눅이 들어 지시에 따릅니다.

고타로가 모르는 척하는 것도, 홀라의 '데리러 와'라는 메시지도 귀엽다고 생각합니다. 만약 액셀과 함께 훈련을 하지 않았다면 액셀은 뭐라고 할까요……? '"나 때문에 신경 쓰지 말고 액셀이 정말로 하고 싶은 것을 하면 돼"라고 전해줄 수 있다면 액셀은 얼마나 즐거운 것을 할까?'라는 생각도 들곤 합니다.

아틀라스는 홀라의 아들입니다. 저희 집에서 태어났기 때문에 특별히 더 귀여워서 어쩔 줄 모르다가 약간 어리광쟁이로 길러서인지, 액셀에 비하면 저에게 신경 쓰지 않고 자기가 하고 싶은 것을 하는 듯한 느낌이 듭니다. 아틀라스는 상어 봉제인형으로 프로레슬링 놀이를 하는 것을 좋아해서, 제 앞에 상어 인형을 물고 와서는 "멍!" 하고 짖어 "나랑 놀아줘!"라고 요구합니다.

견주들께는 "'요구 짖기'는 점점 더 심해지니까 응답하면 안 됩니다"라고 코칭하고 있지만, 막상 제 일이 되면 한심하게 저도 모르는 사이에 응답하여 그것으로 아틀라스와 대화를 나눈 듯한 기분을 느낍니다.

변명을 하자면 아틀라스는 제가 자기를 무시하면 금세 포기하고, 하기 싫은 일(털 빗기, 양치질, 발톱 깎기 등)도 순순히 따라 줍니다. 제가 좋아하지 않는 행동을 아틀라스가 하려고 할 때는 "안 돼"라고 말하면 멈추고, 제가 화를 내면 겁을 먹어서 안방까지 달려 도망칩니다. 그래서 저희 관계는 양호하다고 생각합니다.

이렇게 저와 저희 집 개들의 관계를 다시 생각해 보면, 길들이기의 일환으로 훈련에 가장 힘을 기울인 액셀과 다른 개들의 차이를 느끼지 않을 수가 없습니다. 허용할 수 있는 범위 내에서 자유롭게 행동하는 개들과, 자기가 하고 싶은 행동을 억제하고 지시를 기다리는 개. 물론 액셀도 자기 나름대로 자기다운 행동을 하는 경우도 많이 있습니다. 그래도 '액셀의 진심은 어떻게 하고 싶은 걸까?'라는 생각이 들 때가 지금도 있는 것은 사실입니다.

사진 왼쪽부터 '버디', '고타로', '액셀', '엘리오스', '아틀라스', '훌라'입니다. 저희 집에는 총 6마리의 개들이 있습니다.

> 사람과 개의 공생

'개다운행동'이란?

'개다운 행동'과 길들이기, 훈련의 관계

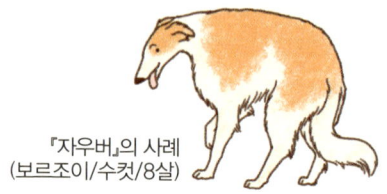

『자우버』의 사례
(보르조이/수컷/8살)

    2011년 10월, 고마자와 올림픽 공원(일본 도쿄도 세타가야구)에서 개최된 '동물 감사의 날'에서 도그 댄스 이벤트가 열렸습니다. 그 중에서도 우아하게 춤추는 보르조이와 견주로 이루어진 한 쌍이 눈에 띄었습니다. 독립적으로 사냥하는 수렵견인 보르조이는 결코 훈련하기 쉬운 견종이 아닌데, 커다란 몸을 유유히 움직이며 기쁜 듯이 재주를 부리는 모습이 인상적이었습니다.
    그리고 2012년 6월, 도쿄도 산겐쟈야에 있는 프랜 동물병원에서 저는 그 보르조이와 함께 있었습니다. '자우버'가 이끌어 준 인연으로 예전부터 계속 필요성을 느끼면서도 실현할 수 없었던 동물병원과 애견 훈련사의 상호협력을 통한 '동물병원에서 길들이기 상담'을 개시하게 된 것이었습니다.
    동물병원에는 많은 강아지들이 찾아왔습니다. 어린 강아지 길들이기는 대단히 중요해서, 그 시기에 잘못된 방식으로 사람이나 다른 개를 접하면 장래에 문제행동을 일으키는 원인이 되기도 합니다.

올바르게 사람이나 다른 개와 접촉할 수 있으면, 성장한 후에 그런 고민을 떠안는 일 없이 마음 편하게 함께 생활할 수 있게 되는 것입니다.

'어린 강아지를 기르기 시작하고 가능하면 이른 시기에, 힘들어하는 견주가 있으면 도움을 드리고 싶다'라는 제 자신의 마음, 그리고 프랜 동물병원 측의 '길들이기 방법을 프로 애견 훈련사가 견주에게 지도해 주었으면 한다'라는 마음이 하나가 되어 길들이기 상담을 개시했습니다.

저는 동물병원의 보호자 대기실에서 자우버를 기다리고 있었습니다. 문을 열고 들어오는 모습을 보고 인사를 하려고 준비하고 기다리고 있었는데 자우버는 저에게 전혀 흥미를 보이지 않았습니다. 제 눈앞을 그냥 지나쳐 곧장 애견용 화장실 앞까지 갔습니다. 그리고 "아우"라고 조심스러운 목소리로 우는 것이었습니다.

'어?'

저는 자우버가 뭔가 말한 것 같은 느낌이 들어서 무심코 견주의 얼굴을 봤습니다. 견주는 "뭐, 지금? 음~, 어쩔 수 없지"라는 말과 함께 화장실 문을 열었습니다. 그러자 자우버는 화장실 안에 들어가 딱 자기 얼굴 높이에 있는 세면대에 얼굴을 들이밀고 또 "아우"라고 조심스럽게 울면서 "물 틀어줘"라고 말했습니다(^^). 견주가 "그래, 그래"라고 말하면서 수도꼭지를 틀어 물이 나오게 해 주자, 자우버는 한 모금, 두 모금 만족스럽게 물을 마셨습니다.

그런 멋진 '대화'가 눈앞에서 펼쳐져서, 저는 눈 깜짝할 사이에 자우버의 팬이 되고 말았습니다. 얼마나 재미있는 아이인지! 그러나 견주 말씀으로는 자우버는 지금보다 더 재미있는 행동을 많이 했다는 것이었습니다. 도그 댄스 훈련을 시작할 때까지는…….

사람과 개의 공생

'개 다운 행동' 이란?

◉ 에피소드 1

어린 강아지 시절에 애견 운동장에 갔을 때 일입니다. 자우버는 다른 개들이 자기를 쫓아오는 것을 좋아해서 다른 개들을 부르고는 도망치는 놀이를 했는데, 도망치는 게 너무 빨라서 다른 개들이 따라갈 수 없다 보니 나중에는 자우버가 불러도 아무도 쫓아가지 않게 되었다고 합니다. 자우버가 상대방의 속도에 맞춰 주지 못한 것일까요(^^)?

◉ 에피소드 2

처음 산책을 나간 날, 집에 돌아와 발을 씻기 위해서 자우버를 욕실에 데려다 놓고 견주가 잠깐 다른 방에서 일을 보고 있었는데 욕실에서 쿵쾅쿵쾅 큰 소리가 났습니다. 황급히 보러 갔더니 닫아 두었던 욕조 뚜껑이 열려 있고 배수구 마개가 빠진 욕조에 물에 빠진 생쥐 꼴을 한 자우버가 앉아 있었다고 합니다. 도대체 뭘 하고 싶었던 걸까요? 날뛰다 보니 욕조 배수구 마개가 빠진 것 같은데, 물에 빠져 큰일이 나지 않아 다행입니다! 하지만 그 이후로 물을 몹시 무서워하게 되고 말았다고 합니다. 그 마음은 저도 잘 압니다…….

◉ 에피소드 3

유람선을 탔을 때, 마침 자우버의 머리가 들어갈 만한 틈새가 있었는데 자우버는 위에서 아래로 머리를 스르르 잘 집어넣고 바다를 가까이에서 보고 있었다고 합니다. 바다를 볼 만큼 보고, 머리를 다시 빼려고 했는데……. 위에서 밑으로는 넣을 수 있었는데 밑에서 위로 끌어올릴 수가 없어서 체면을 구겼으니 자우버는 공황상태에 빠졌습니다! 그 방향으로는 머리가 빠지지 않는 것이었습니다. 눈물이 쏙 빠지도록 날뛴 후에, 주변에 있던 사람들이 도와줘서 무사히 구출되었다고 합니다.

● 에피소드 4

자우버가 마당에서 놀다가 방으로 돌아가고 싶었는데 방충망이 닫혀 있었습니다. 그래서 자우버는 태연히 방충망을 찢고 집 안으로 들어왔다고 합니다.

보르조이의 힘이라면 마치 커튼을 열듯이 방충망을 찢을 수 있었을 것입니다. 방충망이 없으면 곤란하기 때문에 즉시 업자를 불러 수리를 받았는데, 바로 그날 또 찢고 방에 들어왔다는군요. 그 때 자우버의 표정은 "방충망이 있어서 당연히 찢었어요"라고 말하는 듯 자신감에 차(?) 있었다고 합니다.

● 에피소드 5

어느 날, 늘 가던 애견카페 점장이 "손님 댁 아이가 왔는데 뭘 좀 먹여 놓을까요?"라고 전화했다고 합니다. 걸어서 몇 분밖에 안 되는 거리이긴 하지만 집 마당을 탈출해서 혼자 아장아장 간 것입니다. 목적지는 주인님과 늘 함께 가던, 간식을 주는 점장이 있는 카페. 지금까지 '견생'을 살면서 세 번이나 혼자 방문했다고 합니다.

견주는 마당 울타리를 강화하여 탈출할 수 없도록 손을 썼습니다. 그러나 만일 또 탈출해서 카페에 가더라도 위험이 적도록(?) 함께 카페에 갈 때는 반드시 횡단보도에서 한 번 자우버를 앉히고 신호등을 보며 "파란 불"이라고 자우버에게 말해 줘서 자우버가 신호를 확인한 후에 건너도록 훈련(이라고 할 수 있을지……)을 했다고 합니다. 개는 색을 식별하는 능력이 무척 약하다는 말이 있지만 자동차가 왕래하고 있는지, 아니면 차들이 서 있는지는 판단할 수 있을 테니 견주의 노력은 결실을 맺을지도 모릅니다……?

그런 '재미있는 자우버'지만 2살이 되었을 때 견주와 함께 도그 댄스를 시

'개다운행동'이란?

작했다고 합니다. 보르조이는 그다지 훈련하기 쉬운 견종이 아니라는 것이 제 생각이지만, 자우버는 생기 있게 다양한 지시에 따르며 이상적인 움직임을 보여주게 되었다고 합니다.

지금까지는 아무 생각도 없이 마음 내키는 대로 재미있는 행동을 많이 보여준 자우버였지만, 댄스 훈련을 시작한 뒤로는 "이걸 해도 돼?"라고 견주의 표정을 살피게 되었다고 합니다. 그건 훌륭한 일이지만, 견주가 말씀하시기를 "조금 재미없어졌어요"라는 것이었습니다. 저는 그 말을 듣고 제 애견 액셀을 떠올리며 복잡한 심정이 되었습니다.

길들이기와 훈련은 사람과 개가 마음 편히 살아가기 위해, 그리고 최소한의 규칙을 가르치기 위해서 필요한 것입니다. 그러나 그 반면, 개다운 행동을 줄이게 되는 것은 아닐까 하는 생각이 들 때도 있습니다.

저는 개가 개다운 행동, 예를 들면 소파나 방석을 발톱으로 긁어 구멍을 내거나, 소방차 사이렌 소리를 듣고 하울링을 하거나(이웃에 피해를 끼치지 않는 시간대와 크기로), 빨아서 산더미같이 쌓아 놓은 빨래 위에 드러눕거나(마음에 걸린다면 다시 세탁합시다), 쿠션을 물고 휘두르거나(주위에 있는 물건에 부딪치지 않도록 조심)……. 그런 행동을 제 눈앞에서 보여줄 때, 사람과 개라는 '종(種)'이 공생하고 있다는 것을 실감하곤 합니다.

제 자신도 개가 문제행동을 보이지 않도록, 또한 문제행동이 드러나도 그런 개를 다룰 수 있도록 해 온 지금, 이웃에게 불편을 끼치지 않는 범위 내에서는 가능하면 "안 돼!"라고 말하지 않는 하루를 보내고 싶습니다. 개가 개답게 행동할 수 있는 환경을 만들어 주고 싶습니다. 그런 소망을 강력히 품게 되었습니다.

자우버는 프랜 동물병원의 가와사키 원장님과 저를 연결해 준 뒤, 2012년 7월 11일에 8살 생일을 눈앞에 두고 무지개다리를 건너 하늘나라로 갔습니다. 자우버, 네가 건네준 바통은 확실하게 잘 받았어. 앞으로도 길들이기 문제로 힘들어하시는 견주들께 도움을 드릴 수 있도록 열심히 노력할게. 자우버, 고마워.

사람과 개의 공생

'개 다운 행동' 이란?

애견의 문제행동에 대처하는
진화판 프로그램

　제가 애견의 문제행동으로 고민하시는 견주의 자택을 방문했을 때, 우선 처음에 집중하시도록 하는 '베이스 프로그램'에서는 하우스 훈련과 칭찬하는 방법, 혼내는 방법, 영역 제한, 장난감 관리 등, 주로 평소에 개를 대하는 방법에 관해 포인트를 소개하고 있습니다. '애견과 좋은 관계를 만들기 위한 기본 규칙'이라고 해도 되겠지요. 자세한 내용은 '개의 문제행동 처방전' 22쪽을 봐 주십시오.

　그것을 바탕으로 하여 여기에서는 각 문제행동에 한층 더 초점을 맞춰 대처방법에 대해 다루어 보았습니다. 장난으로 무는 것과 요구 짖기, 마킹(영역표시), 달려들기 등으로 난처하신 견주를 위한 '베이스 프로그램 진화판'입니다. 단, 모든 문제행동이 이것으로 해결되는 것은 아니며 문제가 심각한 경우에는 이것만으로 개선하기는 어려울 것입니다.

　또한 ('베이스 프로그램'도 마찬가지지만) 그 어떤 길들이기 방법도 모든 개에게 딱 맞아 떨어지는 것은 아닙니다. 설명된 방법대로 해도 문제행동이 해결되지 않는 경우는 당연히 있지만, 견주 탓도 애견 탓도 아닙니다. 그럴 때는 신뢰할 수 있는 프로 애견 훈련사에게 상담하시기를 권합니다.

　전작인 '개의 문제행동 처방전'에도 썼지만 저는 먼저 개라는 동물을 받아들이고, 드러난 행동을 원만하게 잘 도와주어 바꾸어 나가는 방법을 생각하는 것을 염두에 두고 있습니다. 그것이 개와 사이좋게 지내는 지름길이라고 믿기 때문입니다.

program ①

장난으로 무는 것을 그치게 하기

장난으로 무는 것 자체는 나쁜 짓이 아니지만, 힘 조절을 가르치지 않으면 견주나 타인을 다치게 하는 일도 있습니다. 힘 조절을 가르치는 포인트는 아래와 같습니다.

1 장난으로 물렸을 때 아프다면, 개가 깜짝 놀랄 만큼 큰 목소리로 즉시 "아야!"라고 외치니나. 혼내는 것보다 불쾌감을 준다는 느낌으로 합니다.

2 그렇게 해도 개가 힘 조절을 하지 않으면, 다시 한 번 "아야!"라고 외치고 담담하게 즉시 개를 하우스에 들어가도록 합니다. 이 상태로 최소한 30분 이상 방치해 둡니다.

✱ ✱ ✱

\ NG! /

장난으로 무는 것을 그치게 할 때 주둥이를 꽉 잡거나, 손가락을 개의 목구멍 안에 밀어 넣거나, 코에 '딱밤'을 때리면 안 됩니다. 사람의 손에 대한 이미지가 나빠질 수 있습니다. 심한 경우에는 쓰다듬어 주려는 손을 물게 되기도 합니다.

program ②

화장실 가르치기(마킹 방지)

잠에서 깼을 때, 식사 후,
운동이나 놀이 후에 배설 타이밍이 찾아오는 경향이 있습니다.
그 때를 잘 이용합시다.

1 타이밍을 봐서 간식 등을 이용하여 화장실로 유도합니다.

2 배설하는 행동이 보일 때까지 조용히 지켜봅니다. 견주가 너무 빤히 보고 있으면 배설을 못 하는 개도 있으니 주의합니다.

3 배설을 시작했을 때 "하나, 둘" 등으로 말을 걸면, 목소리를 신호로 배설하게 됩니다. 다정하고 편안한 목소리를 들려주는 것이 포인트입니다. 너무 크거나 너무 힘 있는 목소리는 개가 배설하지 않게 되는 경우도 있습니다.

4 배설이 끝나면 상냥한 음성으로 "착한 아이구나" 등의 말을 걸고 간식을 줍니다. 개가 화장실을 기억한 뒤에도 2살 정도가 될 때까지 간식을 이용하실 것을 권합니다. 마킹 피해를 방지하기가 쉬워집니다.

※간식='늘 먹는 사료보다 더 개가 흥미를 가진 먹이'라는 뜻으로 썼습니다.

달려드는 것을 그치게 하기

'개가 달려드는 것은 사람을 얕잡아보기 때문'이라는 설도 있었지만, 그것은 그다지 맞는 말이라는 느낌이 들지 않습니다. 개는 신나고 기뻐서 사람의 얼굴에 자기 얼굴을 갖다 대고 입 주위를 핥고 싶으니까 달려드는 경우가 대부분이라는 것이 제 생각입니다.
개가 기뻐한다는 것은 흥분해 있다는 것일 때가 많으므로, "그만해"라고 행동을 중지시키는 지시를 내려도 따르지 않는 경우가 많을 것입니다. 그러므로 "그만해"가 아니라 달려들지 못하게 지시를 내립니다.
이 때, 가장 사용하기 쉬운 것이 "앉아"입니다. '달려들기'와 '앉기'는 동시에 할 수 없는 행동이므로 결과적으로 달려들기를 멈추게 됩니다.
이것이 습관이 될 때까지 즐겁게 연습하는 것이 비결입니다. 견주와 눈이 마주쳤을 때 개가 "알았어!"라는 표정을 짓고 스스로 '앉아'를 하게 될 때까지 연습합시다.

1 개가 달려들려고 하면 "앉아"라고 지시를 내립니다.

2 '앉아'를 하면 확실하게 칭찬하고 간식을 줍니다.

program ④

차분하지 못한 개를 훈련시키기

어린 강아지일 때는 웬만해서는 차분하지 않은 것이 당연한 일입니다. 단, 어릴 때 자기 스스로 차분해지도록 습관을 들여 주면 그만큼 얌전해지는 시기기 일찍 찾아오는 법입니다. 여기서는 그 훈련방법을 소개합니다.

'개 다운 행동' 이란?

1 개가 좋아하는 장난감 등을 이용하여 일부러 흥분시키는 동작이나 놀이를 합니다.

2 흥분이 심해지면 "앉아", "기다려"라고 지시를 내리고, 개가 스스로 얌전히 기다리도록 이끌어 줍니다. 얌전히 기다리면 간식을 줍니다.

3 얌전히 기다리는 시간을 서서히 연장합니다. 몇 초인지 재어 보거나 숫자를 세는 등의 방법으로 시간을 파악합니다.

program ⑤

산책 가르치기

여기서는 견주와 함께 즐겁게 집 근처를 걷는 산책을 다룹니다.
포인트는 '계속 견주에게 집중하여 위를 올려다보며 걷기'가 아니라,
'견주와 함께 걷기'입니다.
견주와 함께 걸을 수 있다면(개에게 위험하거나 타인에게 불편을 끼치는 일이
없으면) 개가 견주보다 다소 앞으로 나가는 것은 허용해도 된다고 봅니다.
함께 걷고 있는지 아닌지를 판단하는 기준은 '견주가 멈춰 섰을 때,
개도 자기 스스로 멈추는 것'입니다.
처음에는 천천히 걷는 것이 포인트입니다. 함께 걸을 수 있게 되면 걷는 속도를
바꾸는 것 등으로 단계를 높입니다. 견주의 시선은 너무 개만 보고 있지
않도록 주의합니다. 되도록이면 앞을 보고 자세를 바르게 하여
걸어가는 것을 염두에 두십시오.

1 개가 걷는 위치를 견주 자신의 오른쪽으로 할지, 왼쪽으로 할지 결정합니다 (이 사진은 왼쪽입니다).

2 리드줄은 개가 고개를 숙이면 갑갑하다고 느낄 정도로 짧게 잡습니다.

사람과 개의 공생	

'개 다운 행동' 이란?

3 천천히 걷기 시작하여 가끔씩 걸음을 멈춥니다. 견주는 개가 자기 스스로 멈춰 설 때까지 기다리지만, 지시를 내리거나 말을 걸지는 마십시오.

4 리드줄을 느슨하게 잡아도 개가 얌전히 있게 되면, 확실하게 칭찬해 줍니다.

5 적응이 되면 걸음을 멈추고 서 있는 동안에는 "앉아"를 시켜 봅니다.

6 "가자!" 등으로 말을 걸어 신호를 보내고 함께 걸음을 뗍니다.

program ⑥

무는 개에게 대처하기

개가 무는 것은 매우 섬세하고 복잡한 문제이므로, 여기서는 기본적인 마음가짐에 대하여 설명합니다. 개가 무는 경우, 그 이유가 '사람이 두려워서'인 사례가 가장 많은 듯합니다. 당하기 싫은 일을 당했을 때, 자기 소유물(밥그릇, 장난감, 티슈, 양말 등)을 지키려고 할 때에도 볼 수 있는 행동입니다. 어느 쪽이든지 우선 '왜 무는 것일까?'라는 이유를 밝혀내고, 그 이유에 맞게 대응할 필요가 있습니다.
하지 않는 게 낫다고 느낀 대처방법은 심하게 혼내기, 때리기, 힘으로 누르기 등 벌을 주는 것입니다. 드물게 성공하는 경우도 있지만 오히려 개와의 관계가 악화될 때가 더 많아서 추천하지 않습니다.
상세한 내용은 41쪽 '문제행동 파트 1'을 참고하십시오.

\ NG! /

개가 물었을 때, 때리거나 힘으로 억누르는 등의 체벌을 가하면 역효과가 나는 경우가 있으므로 주의가 필요합니다.

사람과 개의 공생

'개 다운 행동' 이란?

program ⑦

애견과 놀기

'애견과 어떻게 놀면 좋을까?'라는 고민을 갖고 계신 견주는 의외로 많을 듯합니다. 공 던지기, 장난감 당기기 등이 대표적이지만 여기서는 제가 개인적으로 좋아하는 놀이를 소개합니다.

【퍼핏 파이트(puppet fight)】

손을 넣어서 움직이게 할 수 있는 봉제인형으로 개와 프로레슬링 놀이를 합니다.

1 개들끼리 노는 것을 관찰해 보면 서로 입 주변을 물곤 합니다. 그런 식으로 인형을 움직여 주면 되겠지요.

2 인형을 손에 장갑처럼 끼고 있으면 개가 무는 힘이 강해지는 경우가 있으므로 주의합니다. 개가 너무 흥분하면 "앉아" 등으로 진정시킵니다.

【낚싯대】

저희 집의 '아틀라스'가 아주 좋아하는 놀이입니다. 사냥감을 사냥할 의욕을 북돋워 주므로 가능하면 실제 사냥감의 동작을 재현하도록 염두에 둡니다.

1 긴 막대기 끝에 달린 장난감을 빠르게 움직여 줍니다. 그렇게 하면 사냥감을 잡는 과정을 즐기게 해 줄 수 있습니다.

2 장난감을 잘 움직여 주면 개는 상당히 흥분합니다.

3 개가 흥분해도 "이리 줘"라는 신호로, 물고 있던 것을 내놓을 수 있도록 연습해 둡니다.

※개는 고양이보다 힘이 세므로, 고양이용 '어묵 꼬치' 등의 장난감 봉은 부서지기 쉽습니다. 애견용 장난감을 쓰시기를 권합니다.

사람과 개의 공생

'개다운행동'이란?

【지능발달 퍼즐】

놀이의 요소로는 운동뿐만 아니라 머리를 쓰는 것도 중요합니다. 날씨가 좋지 않은 날이 계속 이어지거나, 개가 다치는 등 충분히 운동을 시켜 줄 수 없을 때는 지능발달 퍼즐도 추천합니다.

간식은 어디 있지~?

1 간식을 숨길 수 있는 유아용 지능발달 장난감을 사용합니다. 간식을 몇 개 숨겨 넣어 둡니다.

2 개가 냄새를 단서로 하여 간식을 찾기 시작합니다. 어디에 숨겨져 있는지 생각함으로써 머리를 쓰게 됩니다.

다 찾았다!

3 어린 강아지의 에너지 발산, 노견의 두뇌 활성화에도 도움이 됩니다.

program ⑧

케이지 안에서 '요구 짖기'를 그치게 하기

개가 케이지 안에서 짖는 경우에는 대부분이 '나가고 싶다', '꺼내 줘'라고 요구하는 것입니다. 평소에 미리, 케이지에 들어가게 한 후에는 '눈을 맞추지 않을 것', 그리고 '말을 걸지 않을 것'을 철저히 지키는 것이 중요합니다.
그 다음으로 '짖으면 즐거운 일이 생기지 않는다', 또는 '짖으면 불쾌한 일이 생긴다'라는 것을 학습시킵니다.

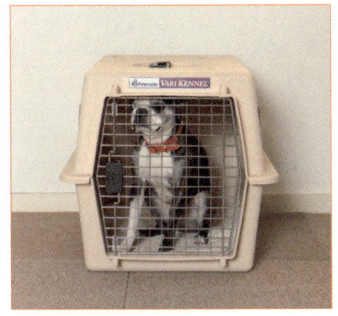

1 개를 케이지에 들어가게 하고, 눈을 마주치거나 말을 거는 등 상대해 주지 않도록 합니다.

2 케이지 안에서 짖으면, 가능하면 즉시 눈을 가릴 수 있도록 케이지를 천 등으로 넢습니다. 개가 밖을 볼 수 없도록 합니다.

3 짖지 않게 된 후 1~2분쯤 지나면 천을 걷습니다. 다시 짖으면 또 천을 덮고, 짖기를 그치면 1~2분 되었을 때 천을 걷어내는 것을 반복합니다.

4 천을 걷어낼 때까지 시간은 1~5분 정도에서 무작위로 오가는 것을 추천합니다. 1분 지났을 때 반드시 걷어내는 식으로 하면 1분이 넘어도 걷어주지 않으면 짖게 되기 때문입니다.

program ⑨

'초인종 짖기'를 그치게 하기

'초인종 짖기'의 의미는 주로 세 가지입니다. '사람이 들어오는 것이 무서워서 짖는다', '사람이 들어오는 것이 기뻐서 짖는다', '사람이 들어오는 것이 그냥 흥분되어서 짖는다'를 들 수 있습니다. 짖기보다 간식 받아먹기를 즐기는 개라면, 세 가지 경우 모두 아래의 방법으로 고칠 수 있습니다.

1 인터폰 아래 등에 매트를 깔고, 대기하기 위한 장소를 준비합니다. 초인종이 울리면 간식으로 개를 대기 장소에 유도합니다.

2 매트 위에서 '앉아'를 시킵니다.

3 간식을 주고 그대로 거기에서 기다리게 합니다. 견주가 현관에서 응대하고, 다시 개 곁으로 돌아올 때까지 기다릴 수 있도록 훈련합니다.

4 이 훈련을 반복하여 '초인종이 울린다 → 개가 자기 스스로 정해진 장소에 이동하여 앉는다', 이것을 할 수 있게 되면 성공입니다. 그렇게 되지 않는 경우에는 간식을 개가 더 좋아하는 것으로 바꾸는 등의 방법으로 훈련을 강화합니다.

※간식을 보여주고 불러도 오지 않을 정도로 흥분하여 짖는 경우에는 '으릉캔'을 사용합니다(73쪽 참조).

program ⑩

견생(犬生)은 이 세 가지만 알아도 OK!
(이리 와, 앉아, 기다려)

'이리 와'로 견주 곁에 오게 해서 '앉아'로 앉게 하고, '기다려'로 얌전히 기다리게 합니다. 이 세 가지만 할 줄 알아도 초인종 소리에 짖고, 손님에게 달려들고, 말썽을 피우는 등 개가 사람을 난처하게 하는 행동을 방지하는 데 대단히 도움이 됩니다.
거의 대부분의 문제를 해결할 수 있다고 해도 과언이 아닐지도 모릅니다.

【이리 와】

1 간식을 손에 들고 주먹을 쥡니다.

2 간식을 쥔 주먹을 개의 머리 높이 정도로 낮추고 개의 이름을 부릅니다.

3 개가 주먹을 향해 다가와서 냄새를 맡으면 손을 펴고, 쥐고 있던 간식을 줍니다. 주먹을 볼 때마다 반드시 개가 다가오게 되면, "이리 와"라고 한 번 말을 겁니다.

4 지시를 내릴 때마다 완전히 오게 될 때까지는 간식을 계속 사용합니다. 평소에도 용건 없이 이름을 부르지 않도록 주의합니다.

【앉아】

1 간식을 쥔 주먹을 위로 올리면, 개는 그것을 올려다보려고 고개를 듭니다. 그러면 엉덩이가 내려가고 앉게 됩니다.

2 엉덩이가 지면에 닿으면 "이제 됐어"라는 뜻을 지난 말('좋아' 등)을 들려주고, 손에 쥔 간식을 줍니다.

【기다려】

1 "앉아"를 시킨 후에 "기다려"라고 지시를 내립니다.

2 개가 기다릴 수 있을 만한 시간 동안 얌전히 기다리게 합니다. 처음에는 몇 초 정도라도 괜찮습니다.

3 "좋아" 등의 말로 '기다려'를 풀어주고 간식을 줍니다.

4 "기다려"에서 "좋아"까지, 그 사이의 시간은 반드시 1초마다 숫자를 세도록 하십시오. 그렇게 하면 기록이 더 늘어납니다.

\ **NG!** /

간식을 바닥에 놓거나 손바닥에 올려놓는 등, '개에게 간식이 보이는 기다려'는 생활 속에서 응용해도 효과를 보기 어렵습니다. '간식이 보이지 않아도 얌전히 기다릴 수 있는 기다려'를 가르칩시다.

사람과 개의 공생

'개 다운 행동이란?'

'기다려'의 포인트!

간식을 손에 쥐고 지시를 내리면 개의 입장에서는 사람의 손이 보이지 않으면 불안해서 몸을 움직이는 경우도 있습니다. 그것을 방지하려면 양 손에 간식을 쥐고 "기다려" 지시를 내리고, 개가 눈길을 주지 않는 쪽의 손으로 간식을 주도록 합니다. 그럼으로써 개는 사람의 손을 주시하지 않게 됩니다.

그러면 견주의 손이 개의 눈앞에 없어도 되므로 '견주가 그 자리를 떠날 수 있는 기다려'를 학습할 수 있게 됩니다.

기다릴 수 있는 시간은 길면 길수록 도움이 됩니다. 다양한 자극이 있어도 얌전히 기다릴 수 있도록 훈련해 두면 애견의 안전 확보에도 효과가 있으며, 타인에게 불편을 끼치는 일도 줄일 수 있습니다.

문제행동 part 1

물기, 으르렁대기

'애견이 문다', 또는 '으르렁거린다'라는 고민을 가진 견주는 많이 계십니다.
그런 행동에는 반드시 뭔가 이유가 있을 것입니다.

**물기,
으르렁
대기**

문제행동 part 1

'무는 개'는 정말로 공격적일까?

업무상으로 저는 개에게 물린 적이 몇 번 있었습니다. 제가 기르는 개에게는(제가 어렸을 때에 부모님께서 기르신 개도 포함하여) 물린 적이 없습니다만······.

처음에 물린 것은 시바견 레슨 때였습니다. '앉아'까지 순조롭게 해내서 '엎드려'를 지시했습니다. 그러나 그 개와 저의 신뢰관계는 '엎드려'를 해 줄 정도로 돈독하지는 않았던 것입니다. "어서 내놔!"라는 식으로 간식을 쥔 제 손을 물고 그대로 다리 등도 몇 번 물고 말았습니다. 그 시바견을 변호하자면 "모르는 녀석(저)이 와서, '앉아'까지는 따라 줬지만 배를 바닥에 붙일 정도로 신뢰하는 건 아니야. 모르는 사람이니까 다소 무섭기도 해. 그런 녀석이 간식을 쥐고 있으니까 어서 내놓으라고 했어"라는 마음이었을 거라고 저는 생각합니다.

두 번째는 어느 견주의 자택을 방문했을 때였습니다. 거실을 지나갈 때, 미니어처 닥스훈트가 갑자기 달려들어서 가방을 든 제 오른손을 물어뜯었습니다. 개를 만지려고 손을 내밀거나 한 것도 아니었기 때문에 닥스훈트치고는 제법 높이 뛰어올랐다고 감탄했지만 역시나 서서히 출혈이······.

그 닥스훈트의 경우에는 제가 침입해서 겁에 질렸던 모양인데, 그 이후에는 저에게 다가오려고 하지 않았습니다.

이처럼 자기 영역 내에 타인이 들어왔다는 불쾌감으로 인해 무는 일은 대단히 흔한 듯한 느낌이 듭니다. 토이 푸들인 '네로('개의 문제행동 처방전' 34쪽)'도 그런 개들 중 하나입니다.

포메라니안 '마론'의 사례는 수의사 선생님의 잘못된 지도가 원인이 되어, 무는 버릇이 더 심해진 모양이었습니다. 진료대 위에 올려놓고 진료를 하려는데 으르렁거리며 물려고 해서 수의사 선생님은 견주에게 "절대로 개에게 지지 마세요"라고 조언했다고 합니다. 길들이기에 관해서는 유감스럽게도 '힘으로 억누르는 것'을 중심으로 옛날 방식을 지도하는 수의사 선생님들도 계신 듯합니다.

아무리 개가 날뛰어도 힘으로 짓누르고, 조용해질 때까지 놓아주지 말 것. 그 말대로 하다가 물렸다고 합니다. "물려도 놓지 말라고 하셨지만, 아파서 손을 안 뗄 수가 없어요"라고 상담했더니 그 수의사 선생님은 수의사들이 사용하는 '물려도 아프지 않(게 만들어져 있)는' 특별한 장갑을 구입하도록 권유해서, 견주는 그 투박한 장갑을 구입하여 조그만 포메라니안을 억누르려고 노력했다고 합니다.

그러나 그것은 역효과를 낳아, 마론은 조금이라도 기분 나쁜 일이 생긴다고 느끼면 자기 몸을 지키기 위해 상대를 공격하게 되었습니다. 하우스에 들어가는 것, 털을 빗는 것 자체가 불쾌한 일이지만 마론이 반항하면 견주는 혼내고 힘으로 짓누르는 등 더 불쾌한 '공격'을 가해서 결국 견주와 마론의 싸움이 되고 말았다는 생각이 듭니다.

마론에게 하우스는 무서운 장소라서 들어가면 공격적이 되어, 하우스 문을 닫는 것조차 힘들었다고 합니다. 그래서 저는 마론을 하우스 안에 들어가게 하고 간식을 주는 훈련을 했습니다. "착한 아이네~"라고 다정한 목소리로 말을 걸면서 맛있는 소시지를 제 손으로 주었습니다. 마론도 기쁜 듯이 먹어서 몇 번을 반복했더니, 견주가 "선생님, 그런 걸 하셔도 괜찮아요!?"라고 물으셨습니다.

물기,
으르렁
대기

문제행동 part 1

　그 순간에 마론은 180도 변하여 제 손가락을 한 번 물어뜯고, 그 다음에는 다시 하우스 구석에 틀어박히고 말았습니다. 견주가 불안한 표정을 드러냄과 동시에 마론도 변하고 만 것입니다. 즉, 주인이 불안하면 마론도 두려움을 느끼는 것이었습니다. 개는 견주의 감정 변화에 반응할 수 있으며, 그만큼 민감한 동물이라는 것이 제 생각입니다.

　견주는 마론을 하우스에 들어가게 한 상태로 하우스를 두드리는 등의 벌을 준 적이 있다고 합니다. 손으로 두드리기는 겁이 나서 빗자루 등의 무기(?)도 사용했다고 합니다. 마론이 돌변한 원인은 아마도 그쯤에 있는 게 아닐까요?
　'주인님은 이유도 없이 나를 공격할 때가 있다'라고 학습하게 되었을 가능성이 있습니다. 공격당하는 의미가 이해되지 않으면 개는 계속 긴장한 상태를 유지해야 합니다. 그것은 큰 스트레스이며, 애견의 공격성을 끌어내는 원인도 될 수 있다고 저는 생각합니다. 실제로 그 후 한동안 마론은 하우스 안에서 으르렁거리며 밖에 나오지 않았습니다.
　마론과 근본적으로 화해를 해야 했습니다. 견주에게는 반년~1년 정도의 기간 동안 절대로 혼내지 말고 생활하시도록 코칭했습니다. 혼내지 않아도 괜찮도록 개를 대하는 방법과 생활환경을 바꾸시라는 것도 부탁드렸습니다.
　무는 행동의 종류는 피가 뚝뚝 떨어지는 것도 있고, 피가 약간 배어 나오는 정도, 이빨 자국만 남는 정도, 그리고 이빨 자국이 남지 않는 것도 있으며, 무는 강도에 따라서 각각 '싫다', '무서워' 등의 메시지가 담겨 있습니다. 그 강도에 따라서는 사람이 개를 두려워하지 않으면 개도 물고 싶은 충동을 참는 경우도 있고, 달래면 공격성을 거두어 주는 일도 있습니다. 최근에는 송곳니가 약간 닿아도 마구 혼내는 것이 아니라, 그 때 개가 보내는 메시지를 이해하려고 하는 것이 중요하지 않을까 하는 생각을 갖게 되었습니다. '모든 깨물기=나쁜 공격'은 아닌 듯한 생각이 드는 것입니다.

저는 예전에 매주 화요일에는 출장 레슨을 쉬고, 견주들이 데려오신 개들에게 레슨을 하러 애견 유치원 '왕피스(가나가와현 가와사키시)'에 출근했습니다. 그곳에서 맡은 미니어처 닥스훈트 '알프(수컷/4살)'의 이야기입니다.

알프는 견주를 비롯하여 모르는 사람을 물어뜯는 문제행동이 있었습니다. 물려고 하는 상황은, 무조건 애견미용 테이블 위에서 털을 빗는 등 관리를 할 때였습니다. 일상생활 속에서는 좀 기분 나쁠 것 같은 행동을 사람이 해도, 알프가 화내거나 물려고 하는 일은 없었습니다. 단지, 털을 빗을 때만 흥분 스위치가 격해져 평소의 알프가 아니게 되어 화를 내고 송곳니를 들이대는 것이었습니다. 아마도 과거에 애견미용 테이블 위에서 뭔가 무서운 일을 겪은 게 아닐까요?

손님들의 말씀을 들어 보면 개를 옛날 방식으로 엄격하게 다루는 애견미용사도 계신 듯하니, 알프가 과거에 무서운 경험을 했을 가능성도 있습니다. 그래서 저는 알프의 털을 빗을 때 엄격하게 윽박지르지 않고, 온화한 음성으로 "그런 짓 하면 안 돼"라고 말을 걸며 다정하게 달래고 쓰다듬어 주었습니다. 그러자 알프의 표정은 조금씩 변하여 차분해졌습니다.

무는 시늉을 한 후, 제 손을 날름날름 핥아 줄 때도 있었습니다.

알프가 사람을 무서워해서 심하게 짖는 행동도 알프가 아주 좋아하는 공의 위력을 빌려 점점 개선해 나갔습니다. 개는 일반적으로 여성

물기, 으르렁 대기

part 1 문제행동

보다 남성을 두려워하는 경향이 있지만 TV 프로그램을 보신 낯선 남자 손님이 몇 명 오셨을 때도 공을 여러 번 던져 주면 금세 무아지경으로 공놀이에 빠졌습니다. 게다가 개들이 싫어하고 짖는 일이 많다는, 체격이 큰 남성에게도 알프가 신나게 공을 물고 가서 "던져 줘!"라고 대화를 시도하는 것이었습니다. 그 모습에는 솔직히 놀랐습니다. 알프는 겁을 먹어서 무심결에 짖고 말지만, 사실은 그 사람과 놀고 싶다고 표현한 것이었습니다……. 그렇게 생각하니 사랑스러워서 견딜 수가 없었습니다.

그리하여 사람에 대한 사회화도 순조롭게 진행된 알프는 TV 출연도 멋지게 해냈습니다. 커다란 조명과 카메라 앞에서 배변판 위에 앉는 역할을 똑 소리 나게 해낸 것이었습니다. TV 프로그램 촬영은 큰 카메라가 상당히 가까운 곳까지 다가오기 때문에 무서워하는 개가 많은데, 알프는 불안하면 저를 바라보고 제가 "괜찮아"라고 말해주면 야무지게 '앉아' 자세를 계속 유지해 주었습니다.

알프는 다른 개들과 인사를 나눌 때도 처음에는 상대방의 꼬리를 쫓아 허공을 무는 등, 이상한 인사 방법을 볼 수 있었는데 그것도 점차 개선되었습니다. 이제는 처음 만나는 개에게도 거의 짖지 않고 차분히 인사할 수 있게 되었습니다.

알프는 어느 정도 나이를 먹은 후에 맡은 개였지만, '시간을 투자하면 이렇게까지 성장할 수 있구나'라고 스탭들 모두가 진심으로 기쁜 마음에 가슴이 벅찼습니다.

다양한 상황에서 개들이 저에게 "싫어! 그만해!"라는 의미로 이빨을 들이대는 일도 있지만, 그 이빨의 압력을 통해 '그 개가 허용할 수 있는 범위'를 알게 되었습니다.

정말로 물어뜯을 마음이 있다면, 대체로 한 방에 피를 봅니다. 피는 나지 않고 이빨 자국만 남는 정도는 어떻게 보면 '친절한 경고'이므로, 물려서 놀랄 수는 있지만 호들갑스럽게 대응하면 관계가 더 악화되고 맙니다.
"안되지. 그런 짓 하면 못써", "미안, 미안. 무서웠지? 그래도 조금만 참아 줘, 응?" 이런 느낌으로 개의 감정을 받아들이되 기본적으로는 자신의 행동을 바꾸지 말고, 해야 될 일은 해내도록 하는 게 좋겠습니다.
그러나 일단 중지해 주고 조금 더 단계가 낮은 것부터 적응시켜 나가는 작업이 필요할 때도 있으니, 전문가에게 상담하는 것이 좋겠지요. 개가 겁에 질려 이빨을 들이댈 때는 개에게 감정을 드러내지 않도록 하고, 경우에 따라서는 눈을 맞추는 것도 피할 필요가 있습니다. 개를 안거나 억눌러서 개와 접촉할 때는, 힘이 너무 들어가면 개에게 공포감을 줘서 오히려 날뛰게 되니 주의하십시오. 평소에 아무렇지도 않게 힘을 준 것이 애견을 공포에 질리게 하는 경우도 있는 것입니다.

무는 개들의 다양한 사례를 다루면서 느낀 점은 개가 문다는 행동에는 많은 의미가 있다는 것입니다. 그것을 이해하여 상황에 맞게 받아들이는 것이야말로 개가 무는 것을 억제하고 사람과 더 좋은 관계를 만들기 위해 대단히 중요하다고 느끼고 있습니다.
단, 무는 문제는 견주만 물리는 경우는 둘째 치고 타인을 문 경우에는 큰 문제가 될 수 있습니다. 피해 정도에 따라서는 고액의 배상금이 청구되기도 합니다. 그런 사태를 방지하기 위해서는 무는 문제를 개선한 경험과 자신감이 있는 애견 훈련사를 찾아서 상담하시기를 권합니다.

문제행동 part 1

물게 된 이유

『푸타로』의 사례
(토이 푸들/수컷/3살)

견주는 '푸타로'가 장난이 아닌 진짜로 물어서 곤경에 빠져 있었습니다. 생후 8주도 되지 않은 너무 어린 시기에 데려온 푸타로는 아주 활기찬 강아지였습니다. 요구하고 싶은 게 있으면 짖고, 장난으로 물고, 사람에게 달려드는 풀 코스 말썽에 고민하던 견주는 강아지 교실에 다니며 중성화 수술도 마쳤다고 합니다. 열심히 길들이고 있었음에도 불구하고 행동은 나빠지기만 했다는군요······. 결국 견주가 좌절하기 직전까지 갔을 때, 제 저서 '개의 문제행동 처방전'을 발견하여 읽어 보고, 표지 그림 속의 푸들이 푸타로와 붕어빵이기도 해서 저에게 연락을 주신 것이었습니다.

푸타로가 무는 방식은 견주 말씀으로는 "갑자기 사납게 들개처럼 물고 공격하는(!) 것"이라고 합니다. 그러나 수의사 선생님과 애견미용사 선생님에게는 으르렁거리기만 하고 물지는 않는다고 했습니다. 가족 분들은 푸타로에게 물려서 동물병원이나 애견미용실에서도 당연히 다른 분들을 물을 거라고 생각했다는데 수의사 선생님과 미용사 선생님에게는 으르렁거리는 것뿐이었습니다.

상담 결과, 푸타로가 무는 원인은 가족 분들이 푸타로를 대하는 방법과 관계가 있다는 것을 알 수 있었습니다.

미용사 선생님은 푸타로가 한 번 으르렁대서 놀라게 했기 때문에 미안해서 미용을 맡길 수가 없고, 수의사 선생님에게도 으르렁거렸으니 불안해서 병원에 진료하러 데려갈 마음이 생기지 않는다고 견주 가족 분들은 말씀하셨습니다. 푸타로에게 물리면서도 직접 관리하려고 노력했지만 이제 한계라고……. 그래도 절대 푸타로를 포기하고 싶지는 않기 때문에 부디 도와 달라는 것이었습니다.

푸타로는 생후 42일에 어미의 품을 떠나 애견샵으로 옮겨졌고, 견주가 입양을 결정한 후에 기생충과 질병이 발견되어 견주 댁에 데려오는 것이 늦어졌다고 합니다. 상당히 환경이 나쁜 곳에서 태어나 사육되었을 수도 있습니다. 견주가 이메일로 보내 주신 사진을 보니, 그 당시의 푸타로는 먹다 남긴 사료가 담긴 그릇 옆에서 초점 없는 눈빛으로 엎드려 있었습니다. 한참 자라면서 먹어도, 먹어도 배가 고픈 시기에 얼마나 몸 상태가 나빴으면 밥을 남겼을까요. 그 작은 몸으로 싸우고 있었다고 생각하니 안쓰러워서 견딜 수가 없었습니다.

그렇게 너무 어릴 때 부모, 형제와 떨어지면 장난으로 무는 힘 조절을 배울 시간은 거의 없었을 테니까, 푸타로가 장난으로 무는 게 심한 것은 당연합니다. 푸타로 탓이 아닙니다. 그러나 옛날 방식의 길들이기는 '장난이라도 무는 것은 절대 안 된다', '나중에는 진짜로 물게 되니 허용하면 안 된다' 등의

내용이 있어서, 비정상적인 복종을 강요하게 되고 마는 것입니다.

어린 강아지는 장난으로 물면서 "놀자!"라고, 말하자면 우호적인 메시지를 보내는데 그것을 '혼내서 못하게 한다'라는 대응은 잘못되었다고 저는 생각합니다.

물론 힘 조절이 안 되면 아프니까, 아플 때 "아야!"라고 말하는 것은 중요한 일입니다.

푸타로를 착한 아이로 만들려고 노력한 견주는 길들이기 교실에 푸타로를 데리고 갔습니다. 아마도 겁에 질려서 엎드리지 못했을 푸타로를 보고 그곳의 애견 훈련사는 '고집이 센 아이'라고 평가했다고 합니다. '무서워서 못 하는' 것과 '고집이 세서 안 하는' 것은 전혀 다릅니다. 단, 그것을 구분할 수 있는 사람과 구분할 수 없는 사람이 있는 것은 사실인 듯합니다.

그리고 그 훈련사는 푸타로의 리드줄을 밟아서 억지로 머리를 바닥에 대게 했습니다. 게다가 장난으로 물었을 때는 "철제 깡통을 있는 힘껏 바닥에 던지세요"라고 가르쳐 주었다고 합니다. 푸타로를 착한 아이로 키우려고 열심히 노력한 견주는 그 선생님의 조언을 믿고 어떻게 해서든지 (푸타로가 '놀자!'라고 신호를 보내는) 장난으로 무는 행동을 못 하게 하려고 필사적으로 캔을 바닥에 집어던졌다고 합니다. 그래도 여전히 푸타로는 반항했고 공포에 질려 공황 상태에 빠졌을 가능성도 있지만, 훈련사에게 "그래도 무는 것과 헛짖음을 그치지 않아요"라고 상담했더니 "캔을 던질 때 파워가 부족해서 그래요"라는 대답이……. 더 예리하게 푸타로의 발을 조준하고 힘차게 기합을 넣어서 던지라는 지시를 받고, '그렇게까지 해야만 되는 걸까!?'라는 생각에 눈물이 날 것만 같았다고 합니다.

그렇게 해서 견주는 '놀자!'라고 장난으로 물어서 신호를 보내는 푸타로에게 있는 힘껏 캔을 던지며 지내온 것이었습니다. 푸타로의 입장에서는 무슨 뜻인지 전혀 이해할 수가 없었겠지요. 같이 놀자고 부른 것뿐인데, 기분 나쁜 일은 싫다는 말을 전하려고 해본 것뿐인데 그런 식으로 위협당하고 공포를 느끼면 눈앞에 있는 견주가 내 편인지, 적인지조차 이해할 수 없게 됩니다.

그리고 장난으로 물던 것은, 어느새 상대방의 공격을 멈추게 하려는 공포에서 비롯된 '진짜 물기'로 바뀐 것입니다.

또 수의사 선생님은 "장난으로 물면 주먹을 푸타로의 입 안에 힘껏 밀어 넣으세요", "'깽' 하고 울 때까지 주둥이를 꽉 움켜쥐세요"라고 지시했다고 합니다. 하지만 그 상태에서 더욱 더 입 주변을 만지는 것을 싫어하게 만들고 싶지 않았던 견주는 주둥이를 움켜쥘 수가 없었다고 합니다.

아직 어린 강아지에게 캔을 내던지거나 주먹을 입 안에 밀어 넣는 행동에, 사이좋게 지낼 수 있는 요소는 그 어디에도 보이지 않잖아요?

정말 열심히 착한 아이로 만들려고 노력해서 혼내고 또 혼내고, 거기다 또 혼내고 다시 혼내면서 기른 끝에 개의 신뢰를 잃는 정도가 아니라 공포로 인해 공격성을 끌어내고, 게다가 그 단계를 높이고 만 사례는 적지 않습니다.

그리고 푸들에게 필수적인 털 손질에 적응시키려고 애견미용실에 데려갔는데, 두 번째 털 손질을 받고 귀가했을 때 푸타로는 이동가방 안에서 계속 으르렁거리고 3시간 동안이나 나오지 않으려 했다고 합니다. 미용실에서 도대체 무슨 일이 있었던 걸까요? 왜 푸타로는 집에 돌아왔는데도 그렇게까지 겁에 질려 있었을까요…….

여러 가지 경험을 쌓는 동안에 푸타로에게 사람의 손은 '기분 나쁜 짓을 할

가능성이 아주 높고 위험한 것'이 되고 말았습니다. 푸타로는 주인님이 언제 화를 낼까 하고 작은 분위기의 변화에도 민감해진 것이겠지요.

그래도 어떻게 해야 될지 알 수 없었던 견주는 공포로 인해 공격성을 보이는 푸타로를 계속 혼내면서 지내 왔다고 합니다.

오히려 푸타로가 적반하장으로 화를 내는 것 같다고 견주가 깨달았을 때는 푸타로를 데려온 지 이미 3년이 지났습니다.

실제로 푸타로를 만나 보니, 제 얼굴을 보자마자 신경질적으로 날카롭게 짖어대기 시작했습니다. 무서워서 엉덩이를 한껏 낮추고 조금 다가와서는 폴짝 뛰어 물러나고, 점프해서 이동하는 거리는 1m 가까이 되었습니다. 푸타로의 점프력에 무심코 감탄하고 말았을 정도입니다. 어떻게든 "푸타로를 다치게 하거나 무섭게 할 생각은 없어"라고 전해주고 싶어서 상냥한 음성으로 말을 걸면서, 제가 준비해 간 맛있는 간식을 푸타로 곁에 던져 주었습니다. 푸타로가 잘 먹어서 친해질 수 있는 가능성이 높아졌습니다.

첫 번째 레슨은 접촉은 하지 않고 간식을 잔뜩 먹게 하는 것으로 종료했습니다. 견주에게는 일단 다음 레슨 때까지 일절 혼내지 마시도록 부탁했습니다. 물릴 것 같은 상황은 가능하면 피하실 것과, (사람이 제대로 관리하면 혼내야 될 일은 그다지 생기지 않을 거라고 생각하지만) 혹시 푸타로가 나쁜 짓을 하면 그냥 무시하시라는 것도 부탁했습니다. 견주는 푸타로에게 너무 신경을 쓰고, 너무 자주 말을 걸고, 너무 많이 상대해 주는 면이 있어서 그것도 줄이도록 코칭했습니다. 그러나 머리로 이해하는 것과 실제로 행동에 옮기는 것은 매끄럽게 연결되지 않는 부분도 있는 듯해서 몇 번이고 이메일로 격려하며 레슨을 도왔습니다.

그리고 맞이한 두 번째 레슨에서는 견주의 노력 덕분에 큰 변화가 보였습니다. 상담을 마치고 푸타로를 만나 보니, 예전처럼 짖어대기는 했지만 짖는 시간은 분명하게 단축되었습니다.

푸타로의 변화를 확인할 수 있었으므로 그것을 근거로 하여 푸타로를 대하기로 했습니다.

제가 맛있는 간식을 갖고 있다는 것을 알고 푸타로는 두려워하면서도 다가와 제 눈앞에서 앉는 것이었습니다. '이렇게 하면 받을 수 있어'라고 생각했겠지요. 저는 그 메시지를 받아들여 간식을 하나 주었습니다. 간식을 먹을 때, 푸타로가 제 손에 일부러 이빨을 대는 것을 알 수 있었습니다. 푸타로는 뭔가 확인하려는 것 같았습니다.

저는 "나는 푸타로의 이빨이 무섭지 않아", "푸타로가 싫어하는 일은 하지 않을게", "이빨은 안 써도 돼"라는 메시지를 담아서 한 조각, 한 조각씩 소중하게 간식을 건넸습니다. 천천히 호흡하고, 빠른 동작을 하지 않는 것도 중요합니다. 간식을 줄 때 시간 간격을 약간 두어 보니 푸타로는 빙글 돌며 스핀을 해 주었습니다. 아마도 푸타로의 특기겠지요.

"잘하네~. 그렇구나. 그게 네 특기란 말이지?" 저는 기뻐서 간식을 더 주었습니다. 그러자 푸타로도 기쁜 듯이 몇 번이나 빙글빙글 돌았습니다. 다시 조금 간격을 두어 보니, 이번에는 점점 제 곁에 다가왔습니다. 그리고 살며시 뒷발로 서서 간식을 쥔 제 손의 냄새를 맡는 것이었습니다. 이럴 때, "'앉아'도 안 하고 사람에게 손(앞발)을 대고 간식 냄새를 맡다니, 버릇이 없구나!"라고 혼내시는 견주도 많이 계실지 모르지만 푸타로는 친해지고 싶어서 다가와 준 것이므로 그 행동을 꾸짖는 것은 잘못된 일입니다.

무서워서 어쩔 줄 모르던 푸타로가 자기 스스로 저에게 다가와 준 것은 커다란 진보였습니다. 저는 다정한 음성으로 말을 걸면서 간식을 계속 주었습

니다. 그러자 푸타로는 더 다가와서 간식을 그대로 지나쳐, 제 얼굴 근처까지 자기 얼굴을 갖다 댔습니다. 그리고 제 얼굴을 몇 번 날름날름 핥아 주는 것이었습니다! '됐다!' 푸타로가 저에게 "안녕!?"이라고 말해 준 것입니다.

가슴을 두근거리며 그 모습을 보고 있던 견주는 푸타로가 그런 행동을 할 수 있다니 믿어지지 않는다고 감동하셨습니다. 저도 푸타로가 조금이나마 저를 받아들여 준 것을 느끼고 너무나도 기뻤습니다.

지금까지 열심히 푸타로를 착한 아이로 키우려고 혼내면서 지내 온 견주에게 아래 내용도 말씀 드렸습니다. 견종에 따라서 각 개체의 성질은 다양하고, 두려움이 원인이 된 짖기, 물기 등의 행동이 나타나는 경우도 있다는 것. 특히 어미개가 임신 중에 스트레스를 받을 만한 환경에서는 그것이 태아에게도 영향을 끼친다는 것. 따라서 내성이 약한 강아지가 태어날 가능성이 있다는 것 등……. 그것은 견주만 나쁜 것도, 하물며 푸타로가 나쁜 것도 아닙니다.

푸타로의 사례는 견주가 길들이기에 매우 열심이었던 것이 오히려 문제 행동을 악화시키고 말았을 수도 있습니다. 사실은 이런 사례는 드물지 않습니다.

견주들이 모이는 곳에는 개에 관한 정보가 넘치고 있습니다. 어떤 길들이기 방법이 자기 개에게 맞는지, 일반적인 견주가 판단하는 것은 매우 어려운 법입니다. 그렇다면 전문가에게 의지해야 하는데, 애견 훈련사도 다양한 생각을 가진 사람들이 있습니다. "저는 훈련사입니다"라고 하면 견주는 믿고 의지하며 코칭 받은 것을 실행하겠지요.

저희 훈련사들은 매일 공부를 게을리 하지 않고 항상 새로운 지식을 얻기 위해 노력해야 한다는 것이 새삼스레 실감이 납니다(※).

※'일본 펫 도그 트레이너스 협회(JAPDT)'에서는 훈련지식과 기술향상에 적극적으로 몰두하는 의식 높은 애견 훈련사들이 세계적으로 통용되는 수준의 강의를 수강할 수 있도록 컨퍼런스와 스터디 모임 등을 개최하고 있습니다.
http://www.japdt.com (일본어)

저는 푸타로의 견주에게 "이제 혼내지 않으셔도 돼요. 화해를 시작하시지요"라고 코칭했습니다. 그 때까지 열심히 노력해 온 견주는 그 말을 듣고 "마음이 무척 편안해졌어요"라고 말씀하셨습니다. 불필요한 힘을 잘 뺄 수 있게 된 견주의 모습이 푸타로에게도 영향을 줘서 차분하게 있을 때가 많아지고, 분위기가 싸해지는 듯한 느낌이 드는 일도 급격히 줄어들었다고 합니다. 가족 분들도 푸타로의 표정이 부드러워진 느낌이 든다는 말을 하실 정도가 되었다고 해서, 저도 참으로 기쁩니다.

저는 그런 푸타로를 보고 싶어서 견딜 수가 없습니다. 이제 곧 푸타로의 세 번째 레슨이 다가옵니다.

문제행동 part 1

물리지 않게 된 견주

『라라』의 사례
(빠삐용/암컷/6개월)

　견주의 따님이 원해서 기르기 시작했다는 빠삐용 '라라'. 견주 댁에 와서부터 하루가 다르게 공격적이 되어, "이제는 안아줄 수조차 없게 됐어요"라는 상담 요청을 받았습니다. 털 빗기, 발 닦기, 발톱 깎기 등 라라가 싫어하는 일을 하려고 하면 으르렁거리고 물어뜯기 때문에 가족 모두가 피를 본 적이 있다고 합니다.
　이메일을 보내 주신 어머님은 "너무 슬프고 한심해서, 이젠 '육견(育犬) 노이로제'예요!"라고 말씀하셨습니다. 이런 상담이 상당히 많은 것이 현실입니다. 원만하게 지낼 수 있다면 개와 함께하는 생활은 대단히 멋진 경험인데, 몹시 유감스럽게 생각합니다.
　라라를 계속 기를 자신이 없어진 견주 가족은 눈물을 흘리는 날도 많았다는데, 그래도 포기하지 않고 인터넷으로 애견 길들이기 교실과 출장훈련을 마구 찾았다고 합니다.

'빠삐용이라니, 그렇게 작고 귀여운 견종인데?'라고 의문을 품으시는 분도 계실지 모릅니다. 하지만 그렇기에 더욱 그 귀여운 얼굴로 콧잔등에 주름을 잡고 마음껏 송곳니를 들이대는 모습을 보면 그것은 너무나도 큰 충격일 것입니다.

의뢰를 받고 서둘러 견주 댁을 방문해 보니, 사랑스러운 **빠삐용**이 꼬리를 치며 마중 나와 주었습니다. 약간 민감한 면이 있었지만 붙임성도 좋고, 사람을 심하게 두려워하는 일도 없었습니다. 솔직히 '이 아이가 문다고?'라는 것이 첫인상이었습니다.

그러므로 라라에 대해 더 잘 알기 위해서 안아 보기도 하고, 내려놓고 만져 보기도 하고, 장난감으로 놀아 주기도 하면서 커뮤니케이션을 취해 보았습니다.

그리고 하늘을 보게 눕혀서 제 무릎 위에 올리려는 그 때, "까악!" 하고 견주가 비명을 질렀습니다. "위험해요! 어머? 안 무네요?"

라라는 얌전하게 제 무릎 위에 배를 내놓고 누워 있었습니다. "그렇군요. 이렇게 하면 문다는 말씀이시죠?"라고 제가 견주에게 확인한 순간, 라라가 으르렁거리기 시작했습니다. 저는 최대한 조심하면서 같은 힘으로 계속 쓰다듬었습니다. 그러자 얼마 안 있어서 라라는 으르렁대던 것을 그치고 얌전해졌습니다. 라라가 힘을 뺀 것을 알 수 있었기 때문에 즉시 "영리하구나"라고 칭찬해 주었습니다. 천천히 손을 왕복하며, 손가락으로 배를 계속 쓰다듬어 주었더니 라라는 점점 긴장이 풀려서 눈을 반쯤 감기까지 했습니다.

견주(가족 중 어머니)는 매우 열정적인 분이셨는데, 개를 처음 기르는 거

라고 길들이기 책을 몇 권이나 읽으며 공부하고 매일 인터넷에서 정보를 수집하고 있었습니다.

그래도 좀처럼 잘 되지 않아서 라라 때문인지, 아니면 본인 때문인지 모르겠다고 고민하시던 것이었습니다.

길들이기 책은 많이 나와 있지만 서로 상반되는 내용이 실려 있기도 합니다. 책은 저자의 이름이 나오므로 각자 나름대로 각오를 하고 쓰셨다고 생각하지만, 인터넷의 정보는 '누가 퍼뜨리고 있는가'라는 것을 조심하십시오. 예를 들면 '한 견주'가 본인의 개와 다른 견주들에게서 얻은 정보만 근거로 해서 판단하고 쓴 것이라면 그 길들이기 방법은 당신의 애견에게 맞는 것일까요?

저희 프로 애견 훈련사들은 적어도 수백 마리 이상의 문제견들을 접해 왔고, 그 중에서 지금 눈앞에 있는 견주와 애견에게 맞는 방법을 판단하여 조언을 하는 것이 직업입니다. 많은 정보 속에서 적절한 방법을 선택할 수 있다는 것이 가장 도움이 되는 점이라고 생각합니다. 그러니 고민하실 때는 부디 상담해 주십시오.

저는 업무상, 잘못된 정보를 믿다가 애견과의 관계가 망가진 견주를 많이 봐 왔습니다. 다른 빠삐용의 사례를 생각해 봐도 빠삐용이라는 견종의 섬세함 등을 생각하면 장난으로 물었는데 주둥이를 꽉 쥐고 억누르며 혼내는 방법이나 손가락을 개의 목구멍에 밀어 넣거나 큰 소리를 내서 위협하는 방법은 오히려 행동이나 상태를 악화시키는 경우가 많으므로 추천하지 않습니다.

그러나 이 방법을 아직도 애견샵 직원이나 수의사 선생님까지 견주에게 권한다는 사실을 알고 상당히 놀랐습니다. 그 방법으로 잘 된 사례도 없는 것은 아니겠지만, 잘 되지 않은 사례가 더 많다고 보기 때문입니다.

견주의 여러 가지 이야기를 들으면서 견주 가족이 라라를 대하는 방법을 관찰했는데, 아무래도 다양한 상황에서 라라에게 결정권을 주는 듯했습니다.

그리고 이 사례의 가장 큰 문제는 조그만 빠삐용을 견주가 약간이라도 '무섭다'고 생각하는 점이었습니다. 실제로 라라를 대하는 방법을 보고 있어도, 견주가 무서워하는 모습이 제 눈에조차 보이는 것이었습니다. 개는 확실히 눈치 채고 있습니다.

견주가 라라를 무섭다고 생각하게 된 원인은 이웃에서 개를 기르는 사람이 "개가 물면 '머즐 컨트롤'을 하고, 절대로 지면 안 돼!"라고 조언한 것이었습니다. 물리면 아프니까 가죽 장갑을 끼고 라라에게 도전했다는데, 라라의 격렬한 저항으로 가죽 장갑은 찢어지고 피까지 나서 파상풍 예방주사를 맞았을 정도로 심하게 다친 적이 있다고 합니다. 그 일이 라라와의 관계를 붕괴시킨 것은 명백합니다.

신뢰관계가 확실히 이루어져 있지 않으면 혼내려고 한 것이 질 나쁜 싸움이 되고 마는 경우가 있습니다. 싸움은 동등한 관계, 즉 친구 관계에서 일어나는 것입니다. 혼냈을 때 '적반하장으로 화낸다'라는 현상이 생깁니다.

라라는 저에 대해서는 일절 물지 않았습니다. 하지만 견주는 물렸습니다. 이 경우, 라라를 '무는 개'라고 부를 수는 없습니다. '물리는 사람이 있다'고 하는 것이 올바른 표현이겠지요. 그 경우에 고쳐야만 될 것은 '물리는 사람과 개의 관계'입니다.

라라와의 관계를 개선하기 위해 견주에게는 애견과 올바른 관계를 만들기 위한 베이스 프로그램('개의 문제행동 처방전' 22쪽 참조)을 실시하시도록 했습니다.

베이스 프로그램에 집중하시는 동안 특히 주의하시도록 한 것은, 당분간 물릴 것 같은 상황을 만들지 않도록 하는 것이었습니다. 물리는 것에 대해

두려운 감정을 의식적으로 지우는 것은 어려우므로 무리하지 말고 자연스럽게 무섭지 않다고 생각할 때까지 물리지 않는 시간을 조금이라도 더 쌓아 나가시기 바란다고 부탁 드렸습니다.

털 빗기 등은 간식을 먹이면서 하시도록 했습니다. 큰 트라우마가 되었을 가능성이 있는 (가죽 장갑을 끼고 난투극을 벌였다는) 발을 닦을 때는 간식에는 눈길도 주지 않는다고 합니다. 그래서 억지로 닦으려고 하지 말고 젖은 수건 위에서 많이 걷게 하기로 했습니다. 그렇게 하면 그럭저럭 깨끗해집니다. 바닥이 더러워지는 것이 마음에 걸린다면 바닥을 닦으면 됩니다. 발톱 깎기와 귀 청소 등 라라가 몹시 싫어하는 일은 애견미용사나 수의사 선생님께 부탁하시도록 했습니다.

하지만 그렇게 "직접 하시지 말고 전문가에게 부탁하세요"라고 하면, "그러면 개에게 진 것이 되지 않나요? 점점 더 흉포해지지 않을까요?"라고 걱정하시는 견주도 적지 않습니다. 결론부터 말씀 드리자면 괜찮습니다. 처음에는 도피해도 됩니다. 그것은 작전상 후퇴이고 몇 개월이나, 또는 몇 년이나 물리지 않는 시간이 계속 이어짐으로써 견주가 애견을 무섭다고 생각하는 마음을 지우려고 하는 것입니다. 무섭다고 생각하는 동안은 개 길들이기에 올바르게 관여할 수 없기 때문입니다.

이렇게 해서 라라와 견주의 싸움이 시작되었습니다. 처음에는 매일이라고 해도 될 만큼 "라라에게 물릴 뻔했어요!", 또는 "라라가 저를 미워하지 않을까 걱정돼요" 등, 우는 이모티콘(ㅜ_ㅜ)이 들어간 이메일이 날아왔습니다. 그래도 "기싸움에서 지면 안 돼요!"라고 격려하면서 끈기 있게 조언해 드리다 보니, 서서히 고민 상담 메일의 빈도가 낮아졌습니다.

그 대신, 기쁜 소식이 들어오게 되었습니다. 어느 날, 털을 빗어 줬는데 간식이 없어도 얌전히 있어서 엄청나게 칭찬해 줬을 때부터 라라의 행동이 점점 달라지기 시작했다는 등…….

두 번째로 방문했을 때는 견주의 표정이 명확히 지난번과 달랐습니다. 무척 생기가 넘쳤고 눈에서는 자신감이 느껴졌습니다.

"이제 라라가 무섭지 않아요!" 견주는 확실하게 선언하셨습니다. 그 말을 들을 때까지 2개월도 걸리지 않았습니다. 저는 견주에게 말씀드렸습니다.

"그 말씀을 기다리고 있었어요. 이제 제가 도와드릴 수 있는 일은 끝났습니다. 라라 길들이기는 바통 터치를 해 드릴 테니, 잘 부탁드립니다! 물론 힘드실 때는 도움을 드리겠지만 이제 괜찮아요. 분명히 훌륭하게 잘 기르실 수 있을 거예요."

그 때, 발밑에서는 라라가 기분 좋게 드러누워 있었습니다.

이 사례에서 중요한 것은 라라가 '물지 않게 되었다'는 것보다도, 견주가 '물리지 않게 되었다'는 것입니다. 라라에게 물리지 않은 제가 보기에는 라라는 무는 개가 아니었던 것입니다.

라라는 이제 귀 청소와 발 닦기 등 싫어하던 일도 거의 다 견주가 할 수 있게 되었다고 합니다. 가끔 싫어할 때도 "어머, 왜 그러니? 라라는 그런 애가 아니잖아?"라고 달래면 순조롭게 견주가 할 수 있다는 것입니다. '물리지 않게 도망치는 작전'은 견주의 두려운 마음을 지워 주고 대성공으로 끝났습니다.

안아줄 수 없는 '맹견'

『토노』의 사례
(치와와/수컷/2살)

'토노'는 기분 나쁜 일을 당하면 견주 가족 중 누구든지 문다고 합니다. 견주가 저에게 상담하기로 마음먹은 계기는, 토노를 데리고 애견샵에 갔을 때 생긴 일이었습니다. 이제 슬슬 집으로 돌아가려고 견주가 토노를 안아 들어 올렸을 때, 토노는 아직 집에 가고 싶지 않았는지 갑자기 으르렁거리고 화를 내면서 아무도 손을 댈 수 없는 상태가 되고 말았다고 합니다.

다른 손님들이 깜짝 놀랄 정도로 맹견다움을 발휘해서, 창피함과 영업방해를 했다는 미안함으로 견주는 허둥지둥 다운재킷으로 토노를 감싸 안고, 아니 둘둘 말아서 번쩍 들고 가게에서 나왔다고 합니다.

견주 댁을 방문해 보니, 예상대로 토노는 엄청난 기세로 저에게 짖어댔습니다. 그러나 잘 관찰해 보니 제가 앞으로 나서면 토노가 물러나고, 제가 물

러서면 토노가 앞으로 나왔는데 제 손이 닿는 거리 안으로 들어오려고 하지는 않았습니다.

그 모습을 보고, 이것은 무서워서 짖는 '공포 짖기'이니 겁을 주는 행동을 하거나 몰아붙이지 않으면 물리지 않겠다고 판단하여 그대로 방 안에 들어갔습니다.

이야기를 하려고 앉았는데, 토노가 계속 짖어 시끄러워서 이야기가 되지 않았습니다. 견주에게 토노를 다른 방으로 데려가 주시도록 부탁했지만, 토노가 물기 때문에 안아서 데리고 갈 수는 없다고 하셨습니다. 애견샵 때처럼 다운재킷으로 감싸 안으시라고 부탁드리기도 뭣해서 왜 이럴까 하며 생각하고 있었는데, 가족 분들이 총출동하여 "토노, 이리 와! 이리 와!"라고 옆방에 오도록 열심히 불러 주셨습니다. '얼마나 걸릴까……'하고 불안하게 보고 있었더니, 토노는 문득 마음이 바뀌었는지 마치 "오늘은 이 정도로 해 두지"라는 대사를 남기고 (떠나는 듯한 느낌으로) 쓰윽 뒤돌아서 종종걸음으로 옆방으로 갔습니다. 토노의 명예를 위해 '도망쳤다'라는 말은 하지 않겠습니다(^^).

이야기를 자세히 들어 보니 토노는 자기가 당하기 싫은 모든 것에 대해서 물어뜯는데, 밥그릇은 만져도 괜찮다는 것이었습니다. 그것만은 어린 강아지 시절부터 열심히 훈련했기 때문일 것이라고 했습니다. 그릇에 다가가면 으르렁거리고, 짖고, 무는 개들이 있는데 그것은 '점유성 공격행동'이라는 것입니다. 소유욕이 강하거나, 어린 강아지 시절에 밥그릇 하나로 모두 함께 밥을 먹은 경험이 없는 경우에 그렇게 될 수 있는 모양입니다.

어느 쪽이 낫냐고 하면, 그릇을 만져도 물지 않는 것보다 애견샵에서 집으로 돌아올 때와 옆방에 데리고 갈 때 얌전히 안기는 것이 더 낫다는 것이

제 생각이지만요.

 어쨌든 이 경우, 결정권을 가지고 있는 것은 토노입니다. 우선은 애견과 올바른 관계를 만들기 위한 베이스 프로그램('개의 문제행동 처방전' 22쪽 참조)을 실시하시도록 했지만, 견주의 사정으로 베이스 프로그램 중에 지킬 수 없는 규칙이 몇 가지 있다고 해서 중단했습니다. 사실은 견주 본인이 신경정신과 치료를 받고 계셔서 마음의 여유를 갖고 너그러운 기분으로 길들이기에 몰두하시기가 어렵다는 것을 알았기 때문입니다.

 먼저 견주의 정신적, 육체적 건강이 우선이므로 길들이기 중지에 관해서는 저도 이해했습니다. 그릇 문제는 훈련을 한 보람이 있어서 극복할 수 있었으니, 분명히 다른 문제도 괜찮을 것입니다. 견주가 회복되시면 다시 함께 노력하고 싶습니다!

식사 시간은 즐거운 것!

『쇼타로』의 사례
(시바견/수컷/8살)

    5살이 넘었을 때부터 산책 후 먹이를 먹을 때, 웬만해서는 먹으려고 하지 않는 일이 많아졌다는 '쇼타로'. 최근에는 으르렁거리며 먹이를 흩어놓다가 결국에는 견주를 물게 되었다고 합니다. 먹이를 지면에 놓아 주고 다 먹었다고 해도, 그릇을 치우려고 하면 공격적이 된다는 내용으로 상담 요청이 있었습니다. 저는 2002년부터 출장훈련 일을 하고 있지만, 이런 문제로 난처해하시는 시바견 견주가 많이 계시는 느낌이 듭니다.

    일상생활에서는 거의 문제가 없다는데, 식사 시간에 몹시 공격적이 되어서 견주(가족 중 아버지)는 쇼타로를 계속 기른다는 것에 대해 불안을 느끼기 시작하고 계셨습니다. 마당에서 길러서 접촉하는 시간이 짧고, 견주가 직장에 다니는 관계로 낮에 시간을 충분히 낼 수 없다는 점도 있어서 그런 상태에서도 개선할 수 있을지 고민했다는 것이었습니다.

개의 문제행동 중 대부분은 '생후 6개월이 지날 무렵부터 마음에 걸리기 시작하여 점점 현저히 드러나며, 조금 완화되었나 싶으면 2살경에 절정을 맞이하여, 그 후에는 점점 차분해진다'라는 대략적 흐름이 있는 듯하다는 것이 제 생각입니다. 그런데 5살부터 갑자기 나타난다는 것은 뭔가 특별한 계기가 있었을지도 모릅니다. 견주에게, 또는 쇼타로 자신이나 그를 둘러싼 환경, 견주의 생활 등에 뭔가 변화가 생긴 건 아닌지 질문해 본 결과, 마침 그 무렵에 쇼타로가 중이염에 걸려 병원에 다니게 되었다는 것을 알 수 있었습니다.

개가 통증이나 불쾌감을 느낄 때, 다가가거나 만지려고 하면 공격적인 태도를 취하는 경우가 있습니다. 들개 등을 구조할 때에는, 만약 개가 부상을 입었으면 맨손으로 만지지 말라는 이야기를 듣곤 합니다. 통증이 있는 경우, 개는 격렬하게 물어뜯는 일이 많기 때문입니다.

그러고 보니, 제가 대학생이었을 때 저희 부모님 댁에서 기르던 개의 몸 상태가 상당히 안 좋다는 연락을 받고 부모님 댁으로 갔을 때 생긴 일입니다. 개집 밑에 파고든 애견에게 말을 걸자 기쁜 듯이 저에게 꼬리를 흔들어 줬지만, 쓰다듬으려고 손을 내밀었더니 처음으로 콧잔등에 주름을 잡으며 으르렁거렸습니다. 그 때는 무척 충격을 받았지만, 지금 생각하면 상당한 고통과 불쾌감을 느끼고 있었을 거라고 이해가 됩니다.

쇼타로의 사례도 어쩌면 귀에 느껴지는 불쾌감 때문에 신경이 날카로워진 것일지도 모릅니다. 원래 밥그릇에 관해서는 소유욕이 강하게 드러나기 쉬운 견종이기도 해서 불쾌할 때 사람이 자기 밥그릇에 접근했기 때문에 으르렁거리고 말았을 수도 있습니다.

견주 입장에서는 애견이 으르렁거린다는 행동은 대단히 좋지 않은 것이며, 혼내야만 할 일입니다. 여기서 물러서면 개에게 지는 것이라고 생각한

부분도 있었던 모양인지 일단 무조건 혼내서 어떻게든지 쇼타로의 밥그릇을 만질 수 있게 하려고 쇼타로와 싸우기 시작한 것이었습니다.

견주가 상담 요청 이메일을 보내시기 전날 저녁, 산책을 다녀와서 평소처럼 먹이를 주고 그릇을 치우려고 했더니 으르렁거리는 게 너무나도 심해서 결국 그릇을 치울 수가 없었다는 내용이었습니다. 그러나 다음날 아침, 산책에 데리고 나가려고 마당에 가보니 그릇을 치워도 딱히 신경 쓰는 눈치는 아니었다고 합니다. 이 사례에서, 처음에는 저도 그릇을 지키려는 소유욕에서 비롯된 공격성이라고 생각했습니다. 그렇지만 견주 댁 따님이 그릇을 치우려고 해도 쇼타로는 화내지 않는다고 합니다. 그 이야기를 듣고 납득했습니다.

이 경우는 '애견이 화를 내서 그릇을 치울 수 없다'는 것이 아니라, '애견이 화를 내서 그릇을 치울 수 없는 사람이 있다'라는 문제입니다. 이 두 가지는 닮은 듯하면서 다른 것입니다. 그렇다면 원인은 소유욕이 아니게 됩니다. 소유욕이 문제라면 그릇을 누가 치우든지 화를 내야만 말이 됩니다. 개가 화를 내는 대상인 사람의 행동에 원인이 있는 것입니다.

그래서 더 자세하게 이야기를 들어 보니, 쇼타로가 화내는 것은 산책에서 돌아와 마당에 줄을 묶고 그릇에 먹이를 담아서 지면에 내려놓았을 때라고 합니다. 긴장감이 퍼지고 쇼타로가 싸울 태세로 으르렁거리기 시작한다는 상황에 한정된 모양인지, 약간 시간이 흐르면 그릇은 치울 수 있다는 것이었습니다. 쇼타로의 먹이는 매일 아침저녁으로 산책을 다녀온 후에 마당에서 줄을 묶고 개집 앞에서 주고 있었습니다.

레슨을 하러 견주 댁을 방문했을 때, 쇼타로가 화내는 장면을 볼 필요가 있

어서 견주에게 평소처럼 재현해 주시라고 했습니다.

견주는 걱정하셨지만 제가 직접 보지 않고서는 개선방법을 알 수가 없습니다. 물리는 것은 정말로 물리면 그때 가서 생각하자고 저도 각오를 다지고 마당에 나갔습니다.

쇼타로는 견주가 말씀하신 만큼 무서운 개로 보이지는 않았습니다. 저에게도 경계심이나 불쾌감을 드러내는 일 없이 견주가 마당에 나와 주어서 기뻐하는 듯했습니다. 산책할 때의 태도에 대해 물어보니, 다른 개들이 짖으면 쇼타로는 도망친다는 것이었습니다. 그런 시바견도 다 있군요……. 아, 죄송합니다(^^).

견주는 사료가 담긴 그릇을 지면에 놓고, "좋아"라고 말하며 합장했습니다. 쇼타로는 미묘한 긴장감 속에서 먹기 시작했습니다. 하지만 쇼타로의 태도는 전혀 변함이 없었습니다. 만약을 위해 그릇에 사람이 손을 대는 것에 적응시키려고, 사료보다 더 좋은 것, 치즈를 그릇에 넣으시도록 부탁했지만 언제나 밥그릇 훈련을 할 때마다 느낀 긴장감이 왠지 느껴지지 않았습니다. 이상하다는 생각이 들어서 마음을 단단히 먹고 "착한 아이네~"라고 말로 칭찬하면서 그릇을 치워 보시도록 부탁해 봤습니다. 견주는 다소 긴장했지만 쇼타로의 태도가 온화하기도 해서 왠지 순조롭게 치울 수가 있었습니다. 쇼타로는 아무렇지도 않은 표정을 짓고 서 있었고, 역시나 견주는 "어라~?" 하고 신기해 하셨습니다.

저: "쇼타로 견주님, 거짓말 하신 거예요?(^^)"

견주: "아니, 이럴 리가 없는데……(왜 평소처럼 안 하는 거지?)."

그 모습을 보고 저는 이렇게 가정해 봤습니다. 쇼타로의 입장에서는 산책 시간이 된다, 주인님과 산책을 나간다, 집에 돌아오면 사료가 담긴 그릇을 주인님이 가져온다, 왠지 주인님이 화를 내서 쇼타로도 무서우니까 맞받아친다, 거기서 싸움이 시작된다…라는 패턴이 생기고 만 건 아닐까 하고요.

물론 처음에는 쇼타로가 그릇을 빼앗기기 싫어서 약간(?) 으르렁거린 것이 원인이었고, 그것을 바르게 길들이려고 혼낸 견주와 싸움이 시작된 것이리라 생각합니다. 그러나 쇼타로의 학습은 그것과 연결하지 않고, 왠지 산책 후에 그릇이 지면에 놓이면 아빠가 화를 내면서 싸우게 된다고 학습하고 만 것이 아닐까 하는 생각이 듭니다.

제가 본 장면은 평소에 늘 산책을 다녀오는 시간도 아니었고, 산책에서 돌아온 후에 밥을 준 것도 아니었습니다. 그런 타이밍에 사료를 그릇에 담아 지면에 내려놓았을 때 쇼타로는 자기 신변에 위험이 닥친다(아빠가 화를 낸다)고 연상되지 않아서, 아빠에게서 자기 몸을 지키기 위한 공격행동을 충동적으로 드러내지는 않았던 것 아닐까요?

그래서 저는 '산책을 나간다 → 집에 돌아온다 → 식사 시간 → 싸움'이라는 일련의 흐름을 바꾸시도록 부탁했습니다. 식사 시간은 모처럼 맛있는 것을 먹는 신나는 시간이니까, 다정하게 말을 걸면서 즐거운 분위기를 만드는 것을 염두에 두시도록 했습니다. 그리고 가능하면 마당에서 쇼타로를 줄에 묶지 말고 울타리 등으로 둘러싸, 쇼타로가 그 안에서 자유롭게 행동할 수 있게 하도록 부탁했습니다. 그리 넓은 공간이 아니라도 '줄에 묶여 부자유스러운 것'과 '울타리 안에서 도망 다닐 수 있는 공간이 확보된 자유로움'은 동물에게 하늘과 땅만큼 차이가 있는 것입니다.

견주는 당장 울타리를 만들어 주셨고, 쇼타로는 줄에서 해방되었습니다. 그러자 그 이후로는 긴장감이 흐르는 일도 없고, 속 시원히 그릇을 치울 수 있게 되었다고 합니다.

"덕분에 그 후 쇼타로와 아무 일 없이, 매일 문제없이 잘 지내고 있어요. 그때는 한 가지 생각에만 빠져서 더 이상 같이 못 살지도 모른다는 각오까지 했는데, 그게 뭐 하는 짓이었나 하는 생각이 드네요. 나카니시 씨가 상담하고 도와주신 덕분에 이제 그런 걱정은 말끔히 과거 일이 되었습니다." (※)

쇼타로가 기분이 나빴던 원인이었을 수도 있는 귀의 중이염도 깨끗이 나아서 치료가 끝났다고 합니다. 정말로 잘 됐습니다. 견주님, 쇼타로, 앞으로도 사이좋게, 행복하게 지내시길!

※견주가 보내 주신 이메일에서 인용하였습니다.

column

'으릉캔'의 올바른 사용 방법

'푸타로'의 사례(48쪽)에서 '캔을 집어 던진다'라는 수단이 나왔습니다. 그러나 여기에서 말하는 '으릉캔' 사용법은 빈 깡통이나 페트병에 동전이나 자갈을 넣어서 개가 있는 쪽으로 던지는 방법이 아닙니다.

으릉캔은 '으릉'이라는 이름처럼 개가 상대방의 행동을 제지할 때 으르렁거리는 소리를 대신하는 것입니다. 인간의 목소리로는 개만큼 박력 있게 소리를 낼 수가 없기 때문에 그것을 보충하기 위하여 동물이 싫어하는 소리를 이용하는 것입니다. 물론, 캔은 개가 봐도 상관없습니다.

견주의 제지 키워드('NO!', '안 돼!', '이놈!' 등)에 으릉캔 소리를 연결함으로써 키워드의 힘을 강화하고, 언젠가는 캔이 필요 없어지도록 이용하는 것이 포인트입니다. 만약 몇 번이나 캔을 울려야 되는 경우에는 소리자극이 행동을 바꾸기에는 너무 약하거나, 캔을 울리는 포인트나 타이밍 등이 어긋났을 가능성이 있습니다. 이것은 학습이 올바르게 진행되지 않았다는 증거이므로, 사용 방법을 '으릉캔 학습이론을 올바르게 이해하고 사용할 수 있는 프로 애견 훈련사'에게 상담하도록 해 주십시오.

또한 앞에서 나온 '푸타로'의 사례에는 으릉캔을 사용할 수 없습니다. 견주와 신뢰관계가 무너진 경우에는 으릉캔의 불쾌한 소리, 즉 혐오자극을 이용하는 방법은 적합하지 않기 때문입니다. 개와 확실하게 화해를 한 후에 사용

column

합시다. 또한 겁이 많은 개에게는 사용할 수 없는 경우가 많습니다.

으르렁캔의 자세한 사용 방법에 대해서는 '개의 문제행동 처방전' 28쪽을 참조해 주십시오.

문제행동 part 2

말썽 피우기

견주 입장에서 보면 '말썽'이라도, 개에게는 '높은 작업 의욕의 발현'이라고 할 수 있는 경우도 있습니다. 잘 대처하는 비결이 있을까요?

문제행동 part 2

말썽 권유!?

『고타로』의 사례
(미니어처 슈나우저/수컷/13살)

　견주가 "우리 애는 말썽만 피우는 바보예요"라고 말씀하시는 것을 들을 때가 있습니다. 그러나 과연 그것이 진실일까요? 이런 말을 하면 '또 이상한 소리 시작이구나!'라고 생각하실 지도 모르지만 애당초 '말썽'이란 무엇일까요?
　사전에서 '말썽'의 의미를 찾아보면 '남에게 폐를 끼치는 일을 하는 것. 또 그러한 모습. 나쁜 장난'이라고 나와 있습니다. 개가 하는 '말썽'이라는 행동은 확실히 사람에게 피해를 끼칠 때가 많은 듯합니다. 하지만 말썽이라는 것은 원래 '피해를 끼칠 것을 알면서 저지르는' 것을 전제로 한다는 것이 제 생각입니다. 그렇다면, 피해를 끼칠 줄 모르고 한 행위는 말썽이라고 부르면 안 된다는 생각이 드는데 어떠신가요? 개가 '사람이 불편해 하겠지'라고 생각하고 말썽을 피우는 것이라면 경우가 다르지만 말썽을 피우고 있을 때 그들을 본 경험으로는 결코 그렇지 않다고 생각합니다.

'즐거우니까 한다', '하고 싶으니까 한다', 단지 그것뿐이지요.

"우리 애는 자기가 나쁜 짓을 했다는 걸 알아요. 그 증거가 나쁜 짓을 한 뒤에는 미안한 표정을 짓는다는 거예요"라고 하시는 견주도 계십니다. 개는 정말로 '나쁜 짓을 했다'라고 이해하고 있는 것일까요?

개가 슬리퍼를 씹을 때, '슬리퍼를 씹으면 주인님이 난처하겠지~'라는 식으로 생각한다는 것을 상상하기는 어렵습니다. 저는 그냥 씹고 싶어서 씹거나, 견주가 반응하니까 그것이 재미있어서 씹거나, 둘 중 하나라고 생각합니다.

개는 냄새를 맡는 것이 특기라서, 그 사람의 냄새가 나는 부분이나 물건도 좋아합니다. 그 중에서도 발바닥은 인기 포인트(?)인지, 슬리퍼는 물론이고 신발, 양말, 스타킹도 인기순위 상위를 차지하고 있습니다. 속옷도 그 사람의 냄새가 배기 쉬워서 빨지 않은 것일수록 개들에게 인기가 있습니다. 슬리퍼나 속옷은 씹기 좋은 형태인데다가 적당히 잘 찢어지기도 해서 개의 작업의욕을 만족시켜 주는 요소도 갖고 있습니다. 인기를 독차지하는 것도 이해가 됩니다.

그리고 슬리퍼 놀이에 질려 슬리퍼를 내버려두면 그 자리에 주인님이 찾아옵니다. 너덜너덜해진 슬리퍼를 발견하면 주인님의 태도는 순식간에 변화합니다. 그것을 감지하고 개는 '뭔가 나쁜 일이 생긴다'라고 느껴서 불안하거나 불쾌한 표정을 짓는 것인데, 그것을 본 견주가 '미안한 표정을 짓고 있다'라고 받아들이는 것은 아닐까요? 슬리퍼를 씹고 있을 때, 시험 삼아서 잘 칭찬해 주도록 해 보십시오. '미안해 보이는 표정'은 어디론가 사라질 거라고 생각합니다.

그 외에도, 견주가 '말썽'이라고 부르는 행동에는 아래와 같은 것들이 있습

니다. 가구나 커튼을 씹는다, 휴대전화나 리모컨을 씹는다, 가방 속에 머리를 들이밀고 스낵 과자를 찾아내서 먹는다 등등…….

목제 가구 등은 씹으면 깎여 나가니까 상당히 즐거워하는 것 같습니다. 커튼은 펄럭펄럭 흔들리니 달라붙어서 장난치고 놀기에는 그만입니다. 잡아당기기 놀이도 할 수 있습니다. 중요한 서류도 평소에는 없었던 자리에 놓여 있으면 신경이 쓰이는 법입니다. 씹어 보면 종이는 쭉쭉 찢어지니까 개에게는 재미있는 장난감입니다. 휴대전화와 리모컨은 늘 주인님이 찾고 있거나 개가 만지려고 하면 당황하기 때문에 개들도 그 물건에 신경이 쓰이겠지요. 가방 속에 머리를 들이밀고 스낵 과자를 획득하다니, 상당히 우수한 사냥꾼입니다.

저희 집의 '아틀라스'는 제가 가방을 바닥에 놓고 깜박 잊으면 반드시 가방 속에서 손수건을 꺼내 물고 갑니다. 어느 날, 새 펜을 사서 가방 속 펜꽂이에 꽂아 놨더니 금세 눈치 채고 물고 갔습니다. 그 바람에 따끈따끈한 새 펜은 잘근잘근 씹혔지만, 혼내기는커녕 새로운 물건이 생긴 것을 눈치 채고 그것만 가져간 행동에 감탄하고 말았습니다.

그러고 보니, 몇 년 전에 정액급부금(역주: 2009년, 일본 정부가 지역경제 활성화를 위해 일본 국내에 거주하는 내·외국인에게 지급한 현금)을 받을 수 있게 되었을 때, 신청서를 제출하는 것을 잊지 않으려고 봉투에 넣어 현관에 있는 신발 위에 올려놨더니 갈기갈기 찢어진 적도 있었습니다. 평소에 그런 것이 없었던 장소에 나타난 물건에 관해서 개는 몹시 민감합니다. 결국 재발행 절차도 밟지 못하고 우물쭈물하다 보니 신청 기간이 끝나서……. 그래도 혼낼 마음은 생기지 않았습니다(^^).

위에서 예를 든 행동은 어느 것이나 모두, 결코 견주를 난처하게 하려고 저지른 '말썽'이 아니라 '하고 싶으니까', 또는 '재미있는 일이 생기니까' 한 행동이라는 것이 제 생각입니다.

  다른 할 일이 없어서 개가 심심해진다, 그러면 작업의욕이 무럭무럭 솟아올라 제멋대로 작업할 거리를 찾아내서 그것에 몰두합니다. 이것이 '말썽'의 정체입니다. 이런 행동을 하는 개는 나쁜 개일까요? 저는 말썽은 작업의욕의 발현이고 대단한 일이라고 생각합니다.

  만약 탐지견 훈련 비디오를 보고 알게 된 것인데, 견주에게 버림받고 시설에 있는 개들 중에서 작업에 소질이 있는 개를 찾는 경우도 많다고 합니다. 그 개들의 작업의욕은 고도의 훈련을 받기에 알맞다는 것입니다. 작업의욕이 높은 개에게 작업할 거리를 주지 않으면 벽을 이빨로 긁고, 문에 구멍을 내고, 바닥을 파서 굴을 뚫고, 소파를 파괴하는 등의 작업을 제멋대로 하고 맙니다. '어느 정도는 작업을 시켜야 했던 것'을 이해하지 못한 견주가 자기가 감당할 수 없게 된 개를 버리는 모양입니다.

  저희 집에서는 개들만 집에 남겨둘 때, 이제 말썽을 피울 의욕이 없어진 것으로 보이는 13살 '고타로'와 원래 별로 말썽을 피우지 않는 6살 '훌라'는 하우스에 가두지 않고 외출합니다.

  제가 집을 비울 때 개들이 받을 자극을 조금이나마 줄이려는 마음에서, 외출 전에 치르는 의식으로 고타로와 훌라를 앉혀 놓고 기다리게 하면서 바닥에 간식을 한 조각씩 놓아 주고 "좋아"라는 말을 신호로 제가 집에서 나오는 방법을 쓰고 있습니다. 그런데 어느 날, 현관문 유리를 통해서 보다가 훌라가 날쌘 몸놀림으로 고타로의 몫까지 다 먹는 것을 발견했습니다. 어떻게든 고타로에게도 간식을 먹이고 싶어서 늘 손님들께 추천하는 퍼즐을 이용해 보기로 했습니다. 이 퍼즐은 유아용 지능개발 완구라는 것인데, 개가 머리를 써서 간식을 획득할 수 있게 만들어져 있습니다(34쪽 참조). 퍼즐이라면 간

식을 여러 개 숨겨놓을 수 있고, 시간도 벌 수 있으니 고타로가 간식을 한 개도 못 먹는 사태는 피할 수 있습니다.

그러나 그것과 관계가 있는지 없는지는 확실하지 않지만 퍼즐을 시키게 된 후 의외로 얼마 안 지나서 이런 일이 생겼습니다. 늘 하던 대로 개들에게 집을 보게 하고 귀가해 보니, 무슨 일이 있었는지 뚜껑이 달린 쓰레기통이 파헤쳐져 있었습니다! 집 안에서 자유롭게 풀어둔 개는 작업의욕이 낮았던 고타로와 홀라, 이 두 마리 콤비밖에 없었습니다. 도대체 누가 했을까 하고 생각에 잠겼는데, 고타로가 종종걸음으로 쓰레기통에 다가가서 뚜껑을 열려고 했습니다. 즉, 범인은 고타로!? 저와 함께 살아온 13년 동안 그런 행동은 한 번도 한 적이 없었는데 이렇게 되니 기쁘다고나 할까, 깜짝 놀랐습니다!

제 마음대로 상상을 해 보자면, 퍼즐에 도전시킨 것 때문에 고타로의 뇌가 자극되어서 작업 의욕이 높아진 건 아닐까 하는 생각이 듭니다. 나이든 개의 노화 방지로, 또는 에너지가 남아도는 개에게 이런 장난감을 주는 것은 아주 좋은 일이라는 실감이 났습니다.

그렇다고 해서 쓰레기를 뒤지는 것은 쓰레기의 내용물에 따라서는 먹었을 때 위험한 것도 있고 다시 정리하기도 쉽지 않습니다. 일단은 제가 외출할 때 반드시 쓰레기를 내다 버리고 싶지만 제 뇌가 잊어버리지 않도록 하는 것이 큰일입니다(^^). 이 문제는 대책을 강구할 필요가 있습니다. 저희 집에서는 얼마 전에 높이 65㎝의 튼튼한 철제 쓰레기통을 구입했는데 6,800엔(역주: 약 6~7만원)이나 했습니다. 아무튼 개보다 우리 견주들이 야무지게 대처할 필요가 있을 것 같습니다.

말썽 피우기

『호프』의 사례
(잭 러셀 테리어/수컷/4살)

견주인 아오키 사쿠라 씨는 라디오 프로그램 진행자입니다. 2008년에 저를 포함한 애견 훈련사 동료 네 명이 'T4(Trainers Four)'라는 팀으로 애견 관련 이벤트 일을 했을 때, 길들이기 캐러밴 전국 투어 마지막 날에 오다이바에 있는 라디오 방송국에서 어느 프로그램을 녹음했습니다. 그 때 사회를 맡아 준 것을 계기로 친구로서 인연이 시작되었습니다.

사쿠라의 분위기로 봐서는 도저히 잭 러셀 테리어(이하 'JRT')를 기를 것 같아 보이지는 않았는데, 어느 날 레슨 의뢰가 있어서 집에 찾아가 보니 예상대로 재미있는 이야기(?)를 꺼냈습니다.

"침대를 엉망으로 만들고, 소파를 발톱으로 긁고, 큰 쿠션을 물고 휘두르고, 뛰어다니고, 점프하고, 이제 제발 좀 어떻게 하고 싶어!"

그 말을 듣고 저는 머릿속에 물음표가 가득 찬 상태가 되었습니다. 왜냐면 그것이 JRT의 특성 아닌가요!? 그래서 저는 질문을 해 봤습니다. "'호프'가 침대를 엉망으로 만드는 것을 '사쿠라가 싫어한다'는 거지?" 예측하지 못한 질문이었는지 사쿠라는 어리둥절해 하고 있었습니다.

그런데 침대를 엉망으로 만드는 것은 그렇게 나쁜 짓일까요? 침대를 침대라고 정한 것은 (당연하지만) 견주입니다. 개는 그것을 '침대'라고 생각하지는 않고 푹신푹신해서 기분이 좋으니까 올라가고 싶을 때 올라가고, 몸이 가벼우니까 뛰어오르고, 입에 물고 흔들었더니 재미있었다……. 개는 그런 식으로 받아들이고 있다는 것이 제 생각입니다.

그러고 보니 사람도 비슷한 행동을 하지요. 베개는 원래 던지는 것이 아니지만, 던져 보니까 꽤 재미있었다고 합니다. 조금만 찾아 봐도 '베개싸움'에 관한 정보가 잔뜩 나와서 깜짝 놀랐습니다. 그렇죠? 사람도 하는 행동이잖아요(^^). 침대를 엉망으로 만들고 싶어 한다고 해서 개를 혼내는 것은 불합리하다는 게 이해가 되셨나요?

개의 입장에서 보면 '이렇게 재미있는데 어째서 주인님은 함께 즐겨 주지 않을까?', '왜 나를 혼낼까?'라고 오히려 견주에게 불신에 빠질지도 모릅니다. 친해지고 싶은 상대와는 가능하면 즐거운 일을 공유하고 싶은 법입니다. 그리고 저는 사쿠라에게 다음 질문을 계속 던졌습니다.

나카니시: "그럼 쿠션을 휘두르는 건 나쁜 짓일까?"
사쿠라: "나쁘다고 해야 될지, 가능하면 안 해주면 좋겠어……."
나카니시: "왜 안 하면 좋겠어?"
사쿠라: "먼지도 나고, 쿠션이 찢어지면 곤란하고……."
나카니시: "호프가 이렇게 신나 보이는데 먼지가 안 나는 게 더 중요할

문제행동 part 2

까? 그리고 안 찢어지면 되는 거야? 소파는 긁으면 안 되는 물건일까?"

사쿠라: "……."

사쿠라는 생각에 잠겨 있었습니다. 그래서 저는 길들이기에서 (그리고 그날 레슨에서) 가장 중요한 테마에 대해 이야기했습니다.

"사이좋게 지내기 위해서 중요한 건 받아들이는 거야. 그리고 사람과 개라는 서로 다른 종(種)이 함께 생활할 때는 개에게 바라는 행동을 사람이 가르치고 도와주는 게 중요해. 그게 우리 '도기 라보'의 좌우명인 '받아들이고 도와주기(ACCEPT & HELP)'라는 거야."

그러자 납득이 갔는지 사쿠라의 얼굴이 환하게 밝아지면서 크게 고개를 끄덕였습니다. '도그 요가' 강사이기도 한 사쿠라는 북아메리카 원주민의 가르침에서 힌트를 얻은 제 좌우명을 금세 이해해 준 듯했습니다.

그 후, 침대는 엉망으로 해도 되는 것이 되었고, 쿠션은 물고 휘두르는 것이 싫으면 호프가 건드릴 수 없는 곳에 두거나, 아니면 물고 흔들어도 되는 것을 주고, 소파는 찢어지지 않도록 두껍고 커다란 커버를 씌웠습니다. 받아들일 수 있는 범위 내에서 호프가 하고 싶은 것을 할 수 있도록 해 준 결과, 무엇보다도 사쿠라의 마음이 편해지고 호프와 서로 마음이 통하게 되었다고 합니다.

예를 들면, 호프가 소파를 긁는 모습을 보고 호프의 기분이 어떤지 알 수 있게 되었다는군요. 바빠서 산책을 가지 못한 날은 굉장히 과격하게, 하지만 즐거운 듯이 '긁적긁적 & 흥얼흥얼'하고 뽐내듯이 몸을 뒤로 젖히면서 사쿠라에게 '자신만만한 표정'을 과시한다고 합니다.

'긁적긁적'은 하루를 마무리하는 작업이기도 한지, 자기 전에 호프 자신이 마음을 가라앉히기 위해 치르는 의식이 되었다고 합니다. '나 지금 소파 긁는데 어때!? 멋있지?'라는 듯이 사쿠라를 힐끔힐끔 봐서, "괜찮아~, 더 해도 괜찮아~"라고 말을 걸면서 가끔씩 함께 '긁적긁적'을 해 주면 호프가 아주 기뻐한다고 합니다. 함께 소파를 긁다니, 즐거울 것 같네요. 그래도 그 얌전한 사쿠라가 호프와 함께 소파를 긁게 되다니 놀랐습니다(^^).

사쿠라는 그 시간을 '호프를 무척 사랑스럽게 느끼는 소중한 커뮤니케이션 시간'으로 귀하게 쓰고 있다고 합니다.

자기 자신이 발상을 전환함으로써 주위에서도 "호프의 표정이 달라졌다"고 할 정도로 사쿠라와 호프는 친해졌습니다. 앞으로는 호프의 새로운 면을 더욱 더 많이 발견해서 함께 성장할 수 있으면 좋겠다고 합니다. 호프는 K9 게임에도 참가하고 있으니, 점점 더 깊은 교감을 나누세요!

※ 레슨을 받은 아오키 사쿠라 씨의 감상은 '도기 라보' 홈페이지 내 '고객의 목소리'에서 읽어보실 수 있습니다.
http://www.doggylabo.com/koe/koe-hope/ (일본어)

column

지워질 뻔한 생명

제가 지금까지 기른 개는 모두 브리더(역주: breeder. 축산가. 여기에서는 애견 번식 전문가를 뜻함)에게서 데려온 아이들이었습니다. 이제는 유기견도 입양하고 싶다, 새 가족이 되어주고 싶다고 생각하기 시작한 어느 날, 페이스북에서 어떤 글이 눈에 띄었습니다.

"슈나우저 팬 여러분……, 부탁드려요(T_T)."
슈나우저와 우는 이모티콘!? '이거 큰일이네!'라는 생각으로 계속 읽어 보니, 그 글은 이런 내용이었습니다.

"양쪽 눈이 보이지 않는 슈나우저를 브리더의 폐업 현장에서 구조했습니다. '상품'이 되지 못하는 이런 아이들은 번식을 위해 내돌려지거나 '처분'당하고 맙니다. 이번에는 방치되어 있어서 처분을 피할 수 있었는지도 모릅니다.
눈은 보이지 않지만 활발하고, 사람의 목소리가 들리는 쪽을 열심히 찾아서 고개를 갸우뚱거리고 꼬리를 치며 걸어 다녀요……. 여러분, 부디 응원을 부탁드립니다! 제발, 제발 이 아이가 행복해질 수 있도록, 이 아이에게 진짜 가족이 생기도록 응원을 부탁드립니다!!"
(※ 원문에서 일부만 발췌하여 게재했습니다.)

이 글을 읽게 된 뒤로, 가슴이 울렁울렁 거리고 너무나도 마음에 걸려서 참을 수가 없었습니다. 실명한 어린 강아지라니, 견주가 될 사람을 찾을 수 있을까? 제가 부모님에게서 독립한 후 처음으로 기른 개 '록'이 하늘나라로 가기 몇 달 전에 실명했기 때문에 시각장애를 가진 개에 대해 어느 정도는 알고 있었지만, 직접 기른다고 했을 때 불안한 점이 없다면 거짓말이겠지요.

그러나 애견 훈련사로서 일반 견주보다는 그 강아지의 능력을 더 키워 줄 수 있지 않을까, 그 강아지에게 마음 편한 환경을 만들어 줄 수 있지 않을까, 여러 가지 생각이 들었습니다. 친구에게 사진을 보여주고 상담해 보니 "와, 귀엽네. 그래서 강아지는 언제 오는 거야?"라는 대답이 돌아왔습니다. 그 말을 듣자 왠지 신비한 힘이 저를 뒤에서 밀어주는 느낌이 들어서 페이스북 글을 읽은 다음날에는 그 강아지의 새 가족 후보가 되어 있었습니다. 나중에 그 친구에게 물어봤는데, 그 때 그 말은 농담이었답니다(^^).

눈이 보이지 않으니까 장애가 없는 강아지보다 손이 더 갈 거라는 생각에 집에 있는 시간이 비교적 긴 시기를 선택해서 강아지를 만날 날을 정했습니다. 그리고 2012년 9월 20일에 동물보호단체 '원더풀 독스(Wonderful

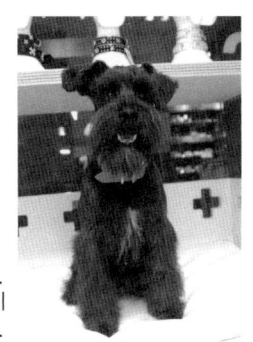

저희 집의 일원이 된 '엘리오스'.
엘리오스와의 만남은 저에게 대단히
소중한 것이 되었습니다.

Dogs)'에서 모두를 밝게 비추는 태양 같은 개가 되기를 비는 소망을 담아 '다이요(太陽)'라고 이름을 붙인, 시각장애를 가진 조그만 미니어처 슈나우저를 데리고 와 주셨습니다. 정식 입양이 결정된 후, 저는 다이요에게 '엘리오스(Helios)'라는 새 이름을 지어 주었습니다. 그리스 신화에 나오는 태양신의 이름입니다.

처음 만나는 날까지, '원더풀 독스'의 블로그에서 다이요가 다른 유기견들과 어울려 노는 모습과, 자기 스스로 하우스를 찾아 들어가는 모습 등을 흐뭇하게 보고 있었기 때문에 그다지 불안감은 없었습니다.

실제로 엘리오스가 저희 집의 개들을 처음 만났을 때도, 딱히 무서워하는 일 없이 평범하게 접촉하는 듯해 보였습니다. 저희 집 개들도 처음에 신경을 쓰긴 했지만 금세 평소 상태로 돌아왔습니다. 이렇게 해서 적응기간 2주가 시작되었습니다.

우선은 엘리오스에게 화장실을 가르쳐야 했습니다. 눈이 보이지 않으니 시간이 걸리겠다고 각오하고 있었는데, 아침에 일어나 하우스에서 나오게 해 주고, 그대로 이어서 간식으로 화장실까지 유도하여 화장실에서 못 나오도록 울타리를 치고 "하나, 둘—(이 이상적이지만 실제로는 '하나, 둘, 둘, 둘—')."이

말썽 피우기

column

문제행동 part 2

라고 말을 걸면서 배설할 때까지 기다렸습니다. 배설을 하면 특별히 구운 은은한 단맛 계란과자를 주었는데 4, 5일째 정도부터 자기 스스로 화장실에 가게 되었습니다. 10일째에는 유도하지 않아도 스스로 화장실에 가서 배설할 수 있게 되었습니다(113쪽 참조). 인터넷에 동영상을 올렸으니 관심이 있는 분께서는 부디 보시기 바랍니다.

저는 어린 강아지부터 어른 개까지 맡아서 함께 놀게 하고 훈련도 하는 시설인 애견 유치원 '왕피스'에 일주일에 한 번씩 출근하는데, 엘리오스도 함께 출근하여 낮에는 통원하는 개들과 놀게 하기로 했습니다.

엘리오스는 처음 가는 장소에서 적응할 때까지는 아무래도 여러 가지 사물에 부딪치기 쉽습니다.

하지만 애견 운동장에 풀어 주어도 앞이 보이지 않는데도 겁먹는 일 없이 성큼성큼 걸어 다니고 톡톡 부딪치면서 처음 만난 개들의 냄새를 맡기도 하고, 자기 냄새를 맡게 해 주기도 하면서 자기 나름대로 즐겁게 지내는 듯했습니다. 애견 유치원에 세 번째 등원했을 때는 비슷한 나이(당시 생후 5개월)의 '탭(토이 푸들 + 미니어처 닥스훈트)' 군과 함께 놀 수 있었습니다! 탭이 달아나면 엘리오스는 마치 앞이 보이는 것처럼 쫓아가서 탭에게 앞발을 걸치거나

column

탭이 입은 셔츠를 잡아당기곤 했습니다.

 집에서 엘리오스가 움직이는 것을 봐도 정말로 앞이 안 보이는 건지 의심스러울 정도입니다. '눈이 안 보이니까 이건 못 하겠지'라는 얄팍한 제 예측을 거침없이 깨뜨려 줘서 매일 새로운 감동을 받고 있습니다. 앞으로도 엘리오스에게서 배울 점은 많이 있을 것 같습니다.

 엘리오스는 번식장 사람이 '개 경매장'에서 팔기 위해 데려온 개들 중에서 팔리지 않은 개와 필요가 없어진 개를 두고 가는 시설에 데려다 놓았습니다. 그 개들은 원하는 사람이 있으면 그 사람이 데려갈 수 있다고 합니다. 하지만 데려가겠다는 사람이 없는 개는…… '처분'되고 만다는 것입니다.

 물론 전부는 아니지만 이런 경매장에서 어린 강아지를 데려오는 애견샵이 있는 것은 사실입니다. 아직 한참 더 놀고 싶을 나이에 부모, 형제와 떨어져 유리 진열장에 외톨이가 되어 갇힙니다.

 원래는 형제들과 뛰어 놀고 부모 개에게 혼나기도 하면서 보내야 할 시간을, 물병과 화장실 패드밖에 없는 유리 상자 속에서 혼자 지내고 있는 강아지들이 팔려 나가는 것입니다.

 새로운 견주를 만나서 행복해지는 개들이 있는 그 뒷면에서, 엘리오스처럼

말썽 피우기

column

문제행동 part 2

버림받고 살처분 당하는 생명이 있다는 현실…….
　제가 제 페이스북 페이지에 올린 엘리오스에 관한 글에 이런 댓글을 남기신 분이 계셨습니다.

　제 아이 두 명에게 엘리오스가 정식으로 입양에 이르기까지의 사연을 이야기해 주었습니다. 둘째가 "왜 눈이 안 보인다고 버린 거야?"라고 물었습니다. "버리기만 하는 게 아니라, 죽이는 일도 있단다"라고 했더니, "왜? 왜?"라고 심각한 눈빛으로 질문해서 솔직히 대답하기 힘들었습니다.
　(※ 원문의 일부를 발췌했습니다.)

　왜 눈이 안 보인다고 버리는 것인가? 팔리지 않는다고 죽이는 것인가? 그것이 잘못된 일이라는 것을 알지 못하게 된 어른들은 도대체 어디서 어떻게 어긋난 걸까요?
　그리고 당사자인 엘리오스는 그런 인간을 원망하지 않습니다. 동물에게서 배울 점이 너무나도 많다는 사실에 새삼스럽게 놀라는 하루하루입니다.

문제행동 part 3

다른 개와의 관계

다른 개와의 관계가 원만하지 않다는 것도 자주 듣는 고민입니다.
그것을 교정하는 훈련은 중요하지만
약간 관점을 바꾸어 보는 것도 좋을지 모릅니다.

문제행동 part 3

어떤 개든지 다 사이좋게?

『겐타』의 사례
(웨스트 하이랜드 화이트 테리어/수컷/3살)

"애견 운동장에서 다른 개를 물었어요"라는 내용으로 상담 요청을 받았습니다. 애견 운동장에 놀러 갔을 때, 중성화 수술을 하지 않은 수컷 테리어와 싸움이 나서 상대방의 귀에 작은 상처를 내고 말았다는 것이었습니다. '겐타'도, 상대방 개도 중성화 수술은 받지 않았습니다.

견주 말씀으로는 겐타는 아무나 가리지 않고 물어뜯지는 않는다고 합니다. 애견 운동장에서 상대방 테리어도 겐타가 신경에 거슬려 끈질기게 건드렸다고 합니다. 원래는 쥐와 족제비 등 인간에게 해를 끼치는 소형 야생동물과 싸울 수 있을 만큼 용감한 테리어 종, 게다가 둘 다 중성화 수술을 받지 않은 수컷이니까 아무래도 결판을 내지 않고서는 참을 수 없었던 것이겠지요.

"한 판 붙자는 거야!?"
"어, 그래! 덤벼 봐!"

그런 대화가 오고 갔을 거라 생각합니다. 그것은 어떻게 보면 자연스러운 흐름이라고 할 수도 있습니다.

내버려두면 될 텐데 어쩌다 보니……라는 것은 흔히 있는(?) 일일 수도 있습니다. 인간의 입장에서 봐도 도저히 남의 일이라고 생각할 수는 없네요 (⌒;;;).

눈을 맞추는 것은 개에게 대단히 중요한 의미가 있습니다. 그것은 '너에게 용건이 있다'라는 바디 랭귀지이기 때문입니다. '용건'에는 여러 종류가 있습니다. 대표적인 것 중 하나는 "놀자!"라는 메시지입니다. 상대에게 참견하고 싶을 때 사용합니다.

개가 두 앞발을 지면에 대고 상반신을 낮추며 엉덩이를 높이 들고 기뻐 보이는 표정을 지을 때(이것을 '플레이보우'라고 합니다)는 상대방과 함께 놀고 싶은 깃입니다. 메시지를 받은 상내노 함께 놀 생각이 있으면 마주보는 것을 신호로 놀이가 시작되는데, 상대방도 마찬가지로 플레이보우를 할 때가 많은 모양입니다. 우호적인 개는 사람이 플레이보우 흉내를 내면 기쁘게 응답해 줍니다. 무척 귀여우니, 부디 해 보십시오! (단, 개가 무시하면서 '귀찮아'라는 표정을 짓는 경우도 있으니 주의하시고…….)

또 한 가지는 "붙어 볼래!?"라는 싸움 걸기입니다. 네 다리를 쭉 펴서 단단히 지면에 붙이고, 귀와 꼬리를 높이 들고, '해클(hackle)'이라고 불리는 목덜미 털을 곤두세우며 움직이지 않고 가만히 상대의 눈을 노려보듯이 눈을 맞춥니다. 이것은 일촉즉발, 높은 확률로 싸움이 시작될 가능성이 있습니다. 어느 한 쪽이 시선을 피하는 경우에는 '당신과 싸울 마음은 없습니다'라는 사인이 되어 싸움으로 번지지는 않지만 양쪽 다 피하지 않는 경우는 싸움이 시작되고 맙니다.

다른 개와의 관계

이처럼 개들끼리 하는 인사에서 싸움이 날 것 같은 바디 랭귀지가 보이면 (특히 중성화 수술을 하지 않은 수컷들끼리는) 주의해야만 합니다.

대처방법은, 우선 천천히 눈이 마주치지 않게 하면서 자극하지 않도록 침착하게 관심을 돌리며 서서히 거리를 벌리는 것이 좋겠습니다.

이 때, 견주가 큰 소리를 내거나 당황해서 리드줄을 꽉 당기면 오히려 개를 흥분시키게 됩니다. 그것을 계기로 싸움이 시작되는 경우도 있으므로 주의가 필요합니다.

또한 처음에는 사이가 좋은 듯이 코끝으로 서로의 냄새를 킁킁 맡고 있었는데 갑자기 으르렁거리기 시작했다는 이야기도 자주 듣곤 합니다. 그것은 처음에 서로 냄새를 맡았을 때 결코 사이가 좋았던 것이 아니라 냄새를 맡아 본 결과, 서로 힘이 비슷하다는 것을 알게 된 경우가 많은 듯합니다. "자, 어떻게 할까? 네가 물러날래? 아니면 한 판 붙어 볼래?"라는 암묵적인 대화 끝에 양측 모두 물러서지 않는 경우에 결판을 내려고 링 위에 서서 공이 울린 것입니다. 그러므로 싸울 우려가 있는 경우에는 상대방의 냄새를 가볍게라도 킁킁 맡으면 즉시 떼어놓거나, 처음부터 인사를 시키지 않으시기를 권합니다.

물론 개도 할 말은 있습니다. 저는 어떤 개든지 다 사이좋게 지내야 할 필요는 없다고 생각합니다. 사람과 마찬가지로 개들끼리도 서로 궁합이 있는 법입니다. 모든 개와 사이좋게 지낼 수 있으면 그것도 그것대로 좋은 일이지만, 사이좋게 지내지 못하는 개가 나쁜 것은 아닙니다.

이러한 개의 사정을 알고 나서 판단하면 겐타의 싸움은 어느 한 쪽이 나쁜 것이 아니라는 생각이 들 것입니다. 결과적으로 겐타는 다치지 않았고 상대방 테리어는 부상을 입었으니, 겐타가 이겼다고 생각해도 되겠지요. 결판이 났으니 상대는 이제 더 이상 겐타에게 대들지 않으면 되는 것입니다.

상대방 개가 처음부터 '겐타가 압도적으로 강하다'라고 느꼈으면 아마도 싸움은 나지 않았을 것이고, 반대의 경우도 그렇습니다.

카발리에 킹 찰스 스패니얼 수컷과 싸움이 날 뻔했을 때는 겐타가 "으르렁!"이라고 한 마디 하자, 상대방은 허둥지둥 도망쳤다고 합니다. 그것이 개 사회의 올바른 규칙이라는 생각이 듭니다. 물론 겐타는 그 이상으로 상대를 뒤쫓는 일도 없었습니다.

겐타와 같은 웨스티(역주: '웨스트 하이랜드 화이트 테리어'의 애칭)인 '시저'라는 선배 개는 그런 겐타도 절대로 이길 수 없는 상대라는군요. 시저가 곁에 오면 겐타는 시선을 피하며 고개를 숙이고 복종 자세를 취한다고 합니다. 과거에 시저가 겐타에게 "으르렁!"하고 한 방 먹인 적이 있다는데, 그 때 결판이 난 것이겠지요.

'서로 잘 맞지 않는 개라도 어떻게든지 싸우지 않고 인사할 수 있게 만들고 싶다'라는 견주의 희망사항이 있으면 몇 주 동안 또는 몇 개월이나 걸려서 그 나름대로 훈련을 할 수는 있습니다. 그러나 그것은 견주도 많은 시간과 에너지를 소비해야 합니다. 겐타의 견주는 "그렇게까지 간절히 바라는 건 아닙니다"라고 하셔서, 다음과 같이 코칭했습니다.

① 산책 시에 모르는 개와 인사시키지 않는다(특히, 중성화 수술을 하지 않은 수컷은 조심).
② 기어코 인사를 하는 경우에는 3초 정도 킁킁 냄새를 맡으면 조용히 관심을 돌리게 하면서 떼어놓고 신속하게 그 자리를 떠난다.
③ 애견 운동장에 데리고 가는 경우에는 잘 맞지 않을 것 같은 개가 있는

지 반드시 확인한다. 맞지 않을 것 같은 개가 들어오면 즉시 애견 운동장에서 나온다. 가능하면 잘 맞는 개들과 함께 애견 운동장을 빌려서 이용할 것.

애견 운동장에서는 불렀을 때 견주 곁으로 돌아오는 훈련이 되어 있어도 테리어의 기질과 중성화 수술을 받지 않은 수컷이라는 점에서 흥분하기 쉽다는 조건을 생각하면 "이리 와"라는 지시가 정말로 들리지 않을 가능성도 있습니다. 그래서 '이리 와'를 할 수 있게 되어도 너무 믿지 않도록 주의를 드렸습니다.

견주의 판단으로 "개는 틀림없이 애견 운동장을 좋아할 거야"라고 결정하는 것도 위험합니다. 어쩌면 개는 조금도 즐겁지 않아서 애견 운동장을 그다지 좋아하지 않을 수도 있습니다.

레슨 후의 상태를 물어보니, 현재까지는 겐타가 다른 개를 무는 일은 없었다고 합니다. 그것은 견주가 생각을 바꾸어 무리하게 다른 개와 친해지게 하려고 들지 않았기 때문이기도 하지만, 서로 잘 맞는 개들과는 함께 어울려 놀 수 있고 그렇게 하는 것이 겐타도 즐거워 보여서 만족한다는 것입니다.

개는 인간과 달라서 다른 개체를 사귀거나 세상을 보는 관점, 사교를 위한 인사치레 등은 필요가 없습니다. 애견 운동장에서 절대로 물리지 않는다는, 또는 자기 개가 상대방을 물지 않는다는 보장은 없습니다. 불안한 느낌이 들면 '애견 운동장 밖으로 나올 용기'는 대단히 중요한 것입니다.

문제행동 part 3

다른 개와의 관계

예전 개도 너도 사랑해

『유메』의 사례
(골든 리트리버/암컷/추정 나이 3살)

'유메'는 구조된 유기견이었습니다. 사람을 매우 잘 따라서, 예전에는 사람 손에 사육된 적이 있었으리라 생각됩니다. 집 안에서는 거의 문제가 없다는데, 산책할 때나 애견 운동장에서 다른 개에게 짖어대는 일이 있다고 상담 요청을 받았습니다.

만나러 가보니, 유메는 정말로 사람을 잘 따르는 여자아이였습니다. 애교를 담뿍 품고 다가와서 쓰다듬어 달라고 요구합니다. 낯선 사람과 친해지는 것도 빨라서, 제 손을 장난으로 물기도 했습니다.

저희 집의 '아틀라스'도 장난으로 물지만, 친하지 않은 사람은 물지 않습니다. 그러므로 아틀라스가 장난으로 무는 사람이 있으면 "좋겠다. 아틀라스가 널 인정한 거야"라고 말할 정도입니다. 물론 힘 조절을 할 줄 알기 때문에 아프지는 않습니다. 개가 장난으로 무는 것에 익숙하지 않은 사람은 깜짝 놀랄 수도 있지만 아틀라스가 아주 좋아하는 놀이를 거부하는 것이 되므로, 아틀라스와 친해질 수 없을지도 모릅니다(^^).

그리고 저는 유메가 장난으로 문 것 때문에, 그렇게 빨리 유메가 저를 받아들여 줬다는 것이 실감나서 기뻤지만 견주는 놀라신 모양이었습니다. 유메 견주님, 안심하세요. 유메가 장난으로 무는 것은 힘 조절도 할 줄 알고, 분명히 친한 친구라는 표시라고 생각합니다. 예전 견주가 장난으로 물게 했을 수도 있겠네요.

개는 웃는다, 웃지 않는다는 여러 설이 있는데, 장난으로 물 때 유메의 표정은 정말로 기쁜 듯이 눈을 가늘게 뜨고 마치 웃는 것처럼 보입니다. 이제는 유메의 견주 댁을 방문하여 거실을 지나가든지 말든지 유메가 제 팔을 입에 물고 오물오물한 후에 드러눕기 때문에 제가 배 주위를 가볍게 마사지해 주는 것이 정해진 인사가 되었습니다.

그런 행동을 보고 있으면 밖에서 다른 개에게 짖어대는 모습을 상상할 수가 없었는데, 레슨을 하러 산책을 나간 첫날에 그것을 확인할 수 있었습니다.

이번 상담은 짖는 문제였지만, 그 전에 먼저 산책 중에 유메에게 끌려 다니는 견주가 마음에 걸렸습니다. 유메가 가고 싶은 방향으로, 유메가 가고 싶은 속도로 견주가 끌려가는 느낌이 든 것이었습니다. 그래서는 유메가 짖어댈 때 도저히 말릴 수가 없으니, 젠틀리더를 사용하기로 했습니다. 젠틀리더라면 목줄을 당길 때 필요한 힘의 1/3 정도로 유메를 컨트롤할 수 있습니다.

젠틀리더. 머즐(muzzle, 주둥이)을 컨트롤하기 때문에 목줄보다 더 적은 힘으로 개를 다룰 수 있습니다.

다른 개와의 관계

문제행동 part 3

걷는 위치도 오른쪽으로 갔다가 왼쪽으로 갔다가 해서 몹시 위험했기 때문에 견주의 희망에 따라 왼쪽으로 정했습니다.

현재 상황은 '유메가 걷고 싶은 대로 걷는다 → 유메가 결정권을 갖고 있다 → 견주의 지시에 잘 따르지 않게 된다 → 짖는 것을 그치게 할 수 없다'라는 것이었으므로, 걷는 속도와 방향, 냄새를 맡으면 안 된다, 냄새를 맡아도 된다 등 모든 결정을 견주가 할 수 있도록 훈련을 시작했습니다.

우선은 견주의 왼쪽(이상적인 위치)에 유메가 오도록 리드줄을 짧게 잡고 팔은 몸통에 붙이시도록 했습니다. 리드줄을 잡은 팔은 전후좌우로 움직이지 않게 주의해야 합니다. 걷는 속도는 천천히, 가끔씩 멈춰 서서 유메의 엉덩이를 손으로 눌러 앉힙니다. 이 때, 말로 지시하지 않고 손으로 누르는 것은 견주의 '강한 의지'를 손을 통해 유메의 몸에 육체적으로 전달하기 위해서입니다. 지면에 닿을 때까지가 아니라 중간까지 누르고 그 후에는 개가 자기 스스로 엉덩이를 낮추는 것을 기다립니다. 그 때, 견주에게는 마음속으로 이렇게 혼잣말을 하시도록 했습니다. '어떻게 하면 되더라?'

처음에 유메는 아니나 다를까 저항했습니다. 이 저항은 유메의 감정 표현이자, 반항이기도 해서 인정할 수는 없습니다. '천천히 걷다가 멈춰 서고 앉힌다'라는 작업을 반복하시게 했습니다. 한참 지나서, 유메 곁으로 검은 래브라도 리트리버가 지나가려 했습니다.

"으르렁!" 유메는 집에서 본 모습에서는 상상도 할 수 없을 듯한 과격한 모습으로 그 개에게 달려들려고 하는 것이었습니다. 그 아이는 유메가 아주 좋아하는 친구인 '료'라는 개였습니다. 다소 어두워지기 시작했을 때라서 친구라고 인식하는 게 늦었던 것이었을까요? 그 때 그 모습을 보고, 산책 중에는 유메가 매우 긴장한 상태라는 것을 알 수 있었습니다. 친구조차 경계를 하게 된 모양입니다.

"항상 저런 식이 되고 말아요. 지난번 개는 이런 일이 없었는데……"라고 견주가 말씀하셨습니다. 예전에는 '벨키'라는 골든 리트리버를 길렀다는데, 성격이 유메와 정반대였다고 합니다. 벨키는 어떤 개든지 사이좋게 지냈는데, 유메는 자기와 맞지 않는 개에게는 짖는다는 것이었습니다.

하지만 유메는 벨키와 다릅니다. 게다가 구조된 유기견이니 과거의 견생(犬生)에서 무슨 일이 있었는지 정확하게는 알 수 없습니다. 다른 개와 문제를 일으켜서 전 견주가 사육을 포기했을 가능성도 있습니다. 어쩌면 다른 개에게 물린 경험도 있을지 모릅니다……. 과거를 알 수 없기 때문에 더욱 더 우리는 '지금' 보이는 행동에서 과거에 무슨 일이 있었는지를 이해해 줘야 하는 것입니다.

저는 서로 잘 맞지 않는 개들이 있는 것은 그렇게 나쁜 일이라고 생각하지는 않습니다. '그렇다면 다른 개와 접촉하는 것은 시키지 말고, 견주와 둘이서 즐겁게 살면 되는 것 아닐까?'라고 생각하고 있었습니다. 벨키와 다른 방식으로 함께 살아가는 것을 즐기는 것도 한 가지 방법이라고 생각했는데, 역시나 견주는 애견 운동장에서 친구 개와 함께 달리거나 공놀이를 즐기는 것을 포기할 수 없는 모양이었습니다. 가끔씩 문제가 되는 일도 있긴 하지만, 다른 개들의 견주들이 이해해 준 덕분에 유메는 애견 운동장에서 제대로 함께 즐길 수 있는 친구 개가 몇 마리 생겼습니다.

이처럼 예전에 기른 개와 비교하는 견주는 많이 계십니다. 예전 아이가 문제행동이 그다지 없었던 경우에는 지금 기르고 있는 아이의 나쁜 점에만 신경이 쓰이는 모양입니다.

그렇게 해서 무심결에 예전 개와 지금 개를 비교하는 견주는 차라리 철저하게 비교해 보는 것이 좋을 수도 있습니다. 양쪽의 좋은 점도, 나쁜 점도 모

두 비교해 보는 것입니다.

그렇게 하면 분명히 예전 개에게는 없었던, 지금 개의 좋은 점도 많이 찾아낼 수 있을 것입니다.

애견 운동장에 들어갈지 들어가지 않을지는 선택할 수 있다고 해도, 평소의 산책에서 문제를 일으킬 수는 없습니다.

유메의 산책 훈련 첫 단계로, 우선은 유메가 상대방의 모습을 발견한 것을 견주가 확인하면 "유메, 멍멍이가 있네" 등으로 다정하게 말을 건 후, 간식으로 유도하면서 즉시 유턴하여 뒤로 돌아 상대방 개와 마주보고 엇갈려 지나가는 일을 피한다는 것부터 시작했습니다. "유메"라는 말에 대한 반응을 좋게 하기 위해서 이름을 부르면 눈을 맞추는 연습도 강화하시도록 했습니다.

처음에는 좀처럼 진전되지 않는 듯해 보였지만, 네 번째 레슨 정도부터 유메가 걷는 방식이 급속히 좋아졌습니다. 견주도 상당히 침착해져서 다음 단계에서 유메가 다른 개의 모습을 발견한 것을 견주가 인식하면 유메와 눈을 맞추고 간식을 주시도록 했습니다. 가능하면 간식으로 유메를 견주에게 끌어오면서, 상대방 개와 충분히 거리를 두고 엇갈려 지나가게 합니다. 처음에는 상대방과의 거리가 5~6미터 정도 필요하다고 봅니다. 상대가 흥분했거나 거리를 둘 수 없는 등의 어려운 상황에서는 유턴을 합니다. 간식은 되도록이면 '너무 맛있어서 아껴 둔' 것을 사용합니다.

스쳐 지나가는 연습을 시작하고 나서 몇 주 지난 어느 날, 길 건너편 슈퍼 앞에 빠삐용 개가 묶여 있었습니다. 유메는 그 개를 보자, 간식을 받아먹으려고 생각했는지 자기 스스로 견주의 얼굴을 올려다봤습니다. 그러나 견주는 열심히 걸어가느라고 눈치 채지 못했습니다.

저는 "지금 유메가 길 건너에 있는 빠삐용을 보고 견주님 얼굴을 봤어요! 유메가 알아주기 시작했어요!"라고 말했습니다. 견주는 유메가 짖는 건 아닐까 하고 아직 긴장한 듯했습니다. 산책 레슨 때는 주위를 잘 보는 것을 명심하고 유메보다 먼저 다른 개들을 발견하여 대처 준비를 하실 것을 코칭했습니다. 아무튼 많이 연습하면 점점 침착해집니다. 사람도, 개도.

그 후 한동안 있다가 견주의 페이스북 페이지에서 이런 글을 발견했습니다!

"산책을 다녀왔습니다. 산책 도중에 유메가 껄끄러워하는 보더 콜리 아이와 마주쳤습니다. 서로 거리는 약 3미터였습니다. 곧 보더 콜리는 유메를 위협하기 시작했습니다. 그래도 유메는 꾹 참고 '엄마, 간식'이라고 했습니다. 대견하구나! 착한 아이 스티커를 받을 일을 한 유메였습니다."

서노 무척 기뻤습니다. 보더 콜리의 위협을 참아 내다니……. 유메, 내난합니다!

그 후, 유메의 레슨은 상당히 느낌이 좋았습니다. 늘 다니는 애견 운동장으로 이어지는 길에서는 예전에는 애견 운동장에 가지 않고 유턴해서 되돌아가려고 하면 유메가 주저앉아서 고집을 피웠지만 이제는 견주가 유도하는 쪽으로 잘 따라오게 되었습니다. 다른 개를 발견했을 때도 자기 스스로 간식을 달라고 떼를 쓰기도 하고, 이름을 부르면 즉시 다른 개에게서 시선을 떼고 견주를 보면서 간식을 달라고 하게 된 것입니다.

산책에서 다른 개와 마주보고 엇갈려 지나가는 경우(서로 잘 맞는지 여부도 있지만), 현재까지 레슨에서는 상대방이 짖고 달려들지 않으면 유메는 아무 일도 없었다는 듯이 스쳐 지나갈 수 있게 되었습니다.

아직 마음을 놓을 수는 없지만, 견주도 유메도 서로 느긋한 마음으로 여유를 갖고 산책을 할 수 있게 될 때까지 계속 코칭해 나가겠습니다. 가능하면 유메의 긴장을 풀어 주면서 견주도 당황하지 않고 침착하게 대처할 수 있게 되는 것이 최종목표입니다.

견주는 끈기 있게 훈련을 계속해서 유메의 문제행동을 개선하려고 노력하고 계십니다. 유메, 다정한 주인님과 함께 이번에야말로 정말 행복해지렴! 그리고 '벨키 엄마'는 언제부터인가 '벨키, 유메 엄마'가 되어 있었습니다.

문제행동 part 4

'화장실 문제'를 생각하다

견주들의 상담 요청 중에서
항상 상위권에 있는 것이 화장실 길들이기입니다.
견주의 유도와 개를 대하는 방식에 중요한 포인트가 숨겨져 있습니다.

문제행동 part 4

대소변을 가리면, 아껴 둔 간식을!

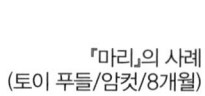

『마리』의 사례
(토이 푸들/암컷/8개월)

    생후 8개월이 되는데 좀처럼 화장실을 가리지 못하고, 케이지에서 나오게 해 주면 케이지 안의 화장실에는 전혀 되돌아가지 않는다는 상담 요청을 받았습니다.
    이런 상담은 자주 있는 것이지만 '화장실을 가리게 되는지, 못 가리는지'를 결정하는 것은 개의 생후 개월 수 문제가 아닙니다. '기르기 시작한 지 X개월이나 되는데 견주가 가르치지 못했다'라는 것이 문제입니다.
    견주 댁을 방문해 보니, 실내 바닥재가 모두 고정식 카펫으로 시공된 아파트였습니다. 개는 액체가 스며드는 곳에서 소변을 보는 습성이 있어서, 카펫으로 덮인 바닥은 '마리'에게 집 전체가 화장실이 되고 말 가능성이 있습니다.
    대소변을 보는 장소에 대해서 견주는 처음에 "특정 장소가 아니라 아무 데

서나 봐요"라고 하셨습니다.

  하지만 차근차근 물어 보니, 가족들이 모이는 테이블 부근에서 대소변을 볼 때가 가장 많았다는 것이었습니다. 사실 이것은 중요한 포인트인데, 마리는 화장실 가리는 방법을 익히지 못했을 뿐만 아니라 마킹(영역표시)을 통해 메시지를 보내기 시작했다는 것이 됩니다. 그렇다면 화장실 실수에만 대처하는 것이 아니라, 단순한 배설 이외의 마킹에도 대처해야 합니다.

  '화장실 길들이기'와 '마킹'은 고치는 방법이 다소 다르니 주의하십시오(자세한 내용은 '개의 문제행동 처방전' 110쪽 '마킹은 혼내도 고쳐지지 않는다' 참조).

  마리의 견주 부부는 맞벌이를 하기 때문에 웬만해서는 화장실 길들이기를 할 수가 없다는 것이었습니다. 길들이기 교실에 맡겨서 길들이는 것은 어떻겠냐고 저에게 물어보셨지만 저는 "잘 될 수도 있고, 잘 안 될 수도 있어요"라고 대답할 수밖에 없었습니다.

  제가 화장실 레슨을 위해 방문한 댁의 애견 중에, "길들이기 교실에 맡겼더니 무척 착한 아이가 되었지만 화장실만은 집에서 못 가린다"라는 경우도 있었습니다. 길들이기 교실에서는 완벽하게 화장실을 가리는데 집에서는 안 되는 것이었습니다. 이것은 어린 강아지가 '화장실을 못 가린다'는 것이 아니라, '집에서 화장실을 어떻게 하면 되는지 학습이 되지 않았다'는 것입니다.

  이 문제에 관하여, 길들이기 교실에서 개를 맡아 훈련하는 애견 훈련사 친구에게 물어 보았습니다. 제 친구네 길들이기 교실에서는 화장실 문제로 개를 맡긴 경우에 케이지에서 나와서 놀게 할 때 훈련사가 붙어서 보고 있다가 배설이나 마킹을 할 것 같으면 신속하게 화장실로 유도하고 칭찬하는 작

'화장실 문제'를 생각하다

업을 한다고 했습니다.

이 작업을 통해서 '화장실에서 배설하면 칭찬을 받는다'라는 학습이 진행되어 완벽하게 화장실 패드 위에서 배설할 수 있게 되면 자택에 돌려보낸다는데, 그저 돌려보내기만 하는 것이 아니라 그 후에도 관리가 필요하다는 것이었습니다. 즉, 집에서 훈련하는 것에 관해 훈련사가 견주의 자택을 방문하여 지도한다는 것입니다.

제 친구네 길들이기 교실에서 자택에 돌아간 개가 집에서도 제대로 정해진 장소에 배설하는 확률이 어느 정도인지는 수치를 집계하지 않았기 때문에 정확하게는 알 수 없다고 했습니다. 개에 따라서는 앞에서 나온 사례처럼 '집에서는 되지 않았다'라는 경우도 있을 수 있다는 것이었습니다.

화장실 가리는 방법을 익히게 하기 위해서는 아무튼 계속 성공시켜서 칭찬하는 기회를 만드는 것이 중요합니다. 그저 말로만 칭찬하는 것이 아니라 아주 좋아하는 간식을 주는 것이 학습효과가 더 높아집니다. 화장실 가리는 방법을 익히는 속도는 배설한 횟수 중에서 몇 번이나 칭찬을 받았는지, 즉 '배설 횟수 나누기 칭찬 횟수'라는 백분율로 계산할 수 있습니다. 그러므로 가능하면 칭찬을 해 줄 수 있도록 궁리할 필요가 있습니다. 먼저, 배설을 하고 있는지 아닌지 관찰하기 좋은 환경을 만드는 것과 배설 타이밍을 아는 것이 중요합니다.

제가 처음으로 제 개를 기르기 시작했을 때, 브리더가 가르쳐 준 방법은 "스며들지 않는 소재로 된 바닥(마룻바닥 등) 전체에 빈틈없이 화장실 패드를 깔고, 강아지가 정해진 곳에 배설하게 되면 그 장소를 향해 점점 패드를 줄여 간다"라는 것이었습니다. 패드 대신에 신문지도 가능하고, 강아지를 풀어주는 공간은 약 $2.73m^2$ 정도 면적이 딱 좋다고 했습니다.

처음에는 패드 위에서 배설하면 칭찬하고 간식을 줍니다. 바닥 전체에 패드가 깔려 있으니까 반드시 성공합니다. 그러다 보면 자주 배설하는 장소가 정해지므로, 그 자리를 향해 서서히 패드 면적을 줄여 나갑니다. 최종적으로 패드가 1장이 될 때까지 좁히면 그 후에는 견주에게 편한 곳(애견용 화장실을 두고 싶은 장소)까지 패드를 하루에 몇 cm 정도씩 이동시키는 것입니다.

제 친구의 애견(미니어처 슈나우저/3살)은 지금까지 잘 가리던 화장실을 질병 때문에 가리지 못하게 되고 말았습니다. 그러나 초심으로 돌아가 이 방법으로 약 3.64㎡ 면적의 방바닥 전체에 패드를 깔아 주었더니 1개월쯤 지나서 패드 1장 위에서 배설할 수 있게 되었다고 합니다.

어린 강아지를 심심하게 하면 배변 패드를 가지고 놀기 시작하므로, 심심하지 않도록 신경을 써야 합니다. 아무리 해도 강아지가 찢는 경우에는 씻어서 반복 사용할 수 있는 '찢어지지 않는 배변 패드'를 사용하는 것도 한 가지 방법입니다.

그러면 '마리'의 경우로 돌아와서, 견주 댁 바닥이 모두 카펫 소재였기 때문에 마리가 노는 공간은 주방으로 결정했습니다. 주방 바닥은 쿠션 플로어(역주: cushion floor, 완충재가 들어 있는 바닥재)라서 방수가공 소재인 것을 마리가 의식하기 쉽고, 청소도 간단합니다. 견주가 마리를 관찰할 수 없을 때는 케이지에 들어가게 하고, 놀 때는 주방 공간에 풀어주고 놀게 합니다. 패드 위에서 볼일을 보면, 아껴 둔 맛있는 간식을 주시도록 했습니다. 식탁 근처는 대소변을 보기 쉬운 구역이라서 당분간 식탁이 있는 쪽에는 마리가 들어가지 못하게 했습니다.

이 방법으로 학습을 시작한 결과, 영리한 마리는 1개월도 되지 않는 사이에 화장실 가리는 방법을 익히고, 거실에서 놀다가도 문득 생각난 듯이 주

문제행동 part 4

방으로 달려가 자기 화장실에서 배설하고 신나는 듯이 되돌아온다고 합니다. 신나 보이는 것은 물론 그 모습을 보고 이해한 견주가 주방 바닥에 있는 마리의 화장실을 확인하고 간식을 주기 때문입니다. 간식을 무척 좋아하는 마리에게는 '식탁 주위에서 배설을 하고 간식을 못 받는 일' 따위는 '있을 수 없는 일'이 된 모양입니다.

화장실 길들이기 방법

『엘리오스』의 사례
(미니어처 슈나우저/수컷/당시 생후 4개월)

시각장애가 있는 '엘리오스'를 입양했을 때, 눈이 보이지 않는다는 것 때문에 제가 전해주기 어려운 것이 많이 있어서 다양한 생활 규칙을 가르치는 것은 시간이 걸리겠다고 생각했습니다(입양하게 된 경위는 87쪽 참조). 그러나 엘리오스는 제 품에 와 준 날부터 오늘까지 저의 그런 불안감을 날려 보내고, 게다가 여러 가지 감동을 저에게 계속 주고 있습니다.

강아지를 맞이했을 때, 견주가 우선적으로 고민하고 골머리를 앓게 되는 많은 경우가 화장실 길들이기입니다. 케이지 안에서조차 화장실 패드 위에 배설을 못 하거나, 케이지 안에서는 잘 해도 케이지 밖에 나오면 못 하는 경우는 상당히 많습니다.

엘리오스의 화장실 훈련은 다른 강아지들에게 가르친 것과 같은 방법으

로, 먼저 크레이트(crate: 동물을 외출이나 여행에 데려갈 때 사용하는 상자 모양의 딱딱한 가방)를 화장실에서 1미터쯤 떨어진 곳에 두었습니다.

다른 개는 침실에서 저와 함께 잤지만 침실에서 화장실까지는 거리가 있습니다. 엘리오스의 크레이트만 거실에 있는 사무용 책상 곁에 두고, 거기서 잠을 자게 했습니다. 저희 집에 온 첫날이기도 했고 외로워서 밤에 울지도 모른다는 걱정도 기우에 그치고, 크레이트 안에서 분뇨투성이가 되는 일도 없이 무사히 상쾌한 아침을 맞이할 수 있었습니다.

분뇨 범벅이 되는 일이 없다는 것은 크레이트 안에서 배설하지 않는다는 것이 아닙니다. 크레이트 안에는 큰 매트를 깔아 두었으니, 만약 '쉬야'에 매트가 젖어도 그 자리를 피해서 자거나 '응가'를 하면 매트로 덮어서 구석에 밀어 놓았다는 것입니다. 저희 집에서는 개들이 배설했을 때 몸이 젖거나 더러워지는 것을 막을 수 있도록 크레이트 안에 철망으로 만든 발판을 깔아 둡니다.

니가타현 주에쓰 지진 때에, 대피소에서 크레이트에 계속 갇혀 있던 개들 중 대부분이 방광염에 걸렸다는 이야기를 들었습니다. 그 중에는 원래 실외에서 기르던 개들이 많았고, 크레이트 안에서는 배설하기 싫어서 너무 오래 참은 모양입니다.

저희 집 개들은 어린 강아지 시절부터 크레이트 안에서 지내는 일도 많았고, 밤에 잘 때는 크레이트 문을 닫습니다. 어릴 때는 쉬야를 장시간 참을 수 없기 때문에 크레이트 안에서 배설하는 일도 있지만, 그것을 혼내지는 않습니다. 이 경험이, 어느 정도 참았다고 해도 힘들지 않으면 크레이트 안에서 배설하는 것에 대한 저항감을 줄여 준 것일지도 모릅니다.

어른 개들은 7~8시간 정도 걸리는 일반적인 외출에서는 배설하지 않지만, 그보다 더 긴 시간 동안 집에 남겨져 크레이트에 들어가 있어야 할 때는 크레이트 안에서 배설하는 일이 있습니다. 청소하는 수고는 뒤따르지만 견주 입장에서는 개가 한계까지 참는 것보다 그렇게 하는 게 마음이 편합니다.

  화장실 훈련은 아무튼 계속 성공시켜서 간식을 주는 것이 핵심이라고 생각합니다. 빨리 익히게 하고 싶을 경우에는 개가 아주 기뻐할 만한, 아껴 둔 간식을 사용하면 좋겠지요. 화장실 타이밍은 잠에서 깼을 때, 식사 후, 운동 후 등이 많으므로 되도록이면 주의 깊게 봐 두고, 성공하면 칭찬하고 간식을 주도록 하십시오(26쪽 '화장실을 가르치다' 참조). 어떤 학습이든지 그렇지만 칭찬 받는 횟수가 많을수록 빨리 진행되는 법입니다.

  저는 낮에 일 때문에 외출할 때가 많으므로 엘리오스의 화장실 훈련은 아침 첫 배설이 확실하면서도 대단히 중요한 학습 기회였습니다.

  첫날 아침, 제가 일어날 기색을 느꼈는지 엘리오스도 일어난 것 같았습니다. 저는 잠옷을 입은 채로 무엇보다 가장 먼저 엘리오스를 크레이트에서 나오게 해 주고, 화장실이 있는 공간으로 데리고 갔습니다. 크레이트 안에서 배설시킴으로써 학습기회를 놓치는 것은 싫었기 때문입니다. 저희 집의 애견용 화장실은 동물용 배변 패드를 깐 바닥의 세 모서리를 둘러싼 공간입니다. 엘리오스는 눈이 보이지 않기 때문에 하우스에서 나온 후 즉시 코끝에 간식을 갖다 대고 그것을 따라오게 해서 화장실 공간으로 유도했습니다. 배변 패드 위에 올라가면 나올 수 없도록 철망을 한 장 더 연결해서 울타리를 달았습니다.

  선배 개들의 쉬야 냄새가 남아 있기도 해서 엘리오스가 방광에 담긴 쉬야를 배출하는 데 그다지 시간이 걸리지는 않았습니다. 배설이 끝나자 높은 톤으로 "영리하네~" 등의 말로 잘 칭찬하고 되도록 빨리 간식을 입 안에 넣

'화장실 문제'를 생각하다

어 주었습니다.

식사 후에는 응가 타이밍이 되기 쉬우므로 이번에는 그 부분을 가늠했습니다. 똑같이 화장실로 유도하여 배변하면 잘 칭찬하고 간식을 입에 넣어 주었습니다. 그 후에는 일하러 나갈 때가 많아서 아침 배변은 제가 엘리오스에게 화장실을 가르치는 중요한 기회였던 것입니다.

다음날 아침도 똑같이 유도하여 성공시키고 잘 칭찬한 후, 되도록이면 빨리 치즈 등의 '좀 더 좋은 것'을 입 안에 넣어 주었습니다. 그 다음날도 똑같이 하고 4일째 아침을 맞이했습니다.

크레이트의 문을 열자, 엘리오스가 자기 스스로 화장실에 가려고 하는 모습이 보여서 "쉬—, 쉬—"라고 말만 걸면서 지켜보고 있으니 아니나 다를까 혼자 힘으로 화장실에 들어가 쉬야를 하는 것이었습니다. 화장실 훈련을 개시한 지 4일째에 학습이 시작되었습니다.

물론 4일째부터 계속 성공한 것이 아니라 가끔씩 실패도 하고 다시 잘 해내기도 하는 일보 전진, 일보 후퇴를 반복하며 점점 확실히 할 수 있게 되었습니다.

상당히 높은 확률로 화장실에 갈 수 있게 되었을 무렵, 날씨가 추워졌기도 해서 엘리오스의 크레이트를 침실로 옮겼습니다. 화장실까지 가는 거리는 그 전의 3배로 늘었지만, 매번 간식으로 화장실에 유도해 주었더니 그때부터는 자기 스스로 갈 수 있게 되었습니다.

그리고 엘리오스와 함께 살기 시작한 지 5개월쯤 된 어느 날(엘리오스는 생후 9개월), 지인 댁에 데리고 가게 되었습니다. 역시나 아무래도 걱정이 되어서 기저귀를 채우고 먼저 처음에 그 댁의 애견용 화장실로 유도하여 배설을 재촉했습니다. 그러자 다른 개의 냄새에 자극을 받았는지, 기저귀를 찬 채로 의외로 순순히 쉬야를 해서 잘 칭찬하고 간식을 주었습니다.

그 후, 엘리오스가 방 안을 어슬렁어슬렁 돌아다닐 때마다 살며시 지켜봤는데, 이번에는 스스로 화장실에 들어가 쉬야를 하는 것이었습니다. 이 때도 잘 칭찬하고 간식을 준 후, 즉시 기저귀를 갈아 주었습니다.

그리고 1개월 후, 이번에는 저희 부모님 댁에 데리고 갔습니다. 처음 가는 장소라서 일단 기저귀를 가져갔지만 제 부모님 댁이기도 하고, 부모님도 개를 기르시기 때문에 처음에는 기저귀를 채우지 않고 화장실로 유도해 봤습니다. 그러자 부모님께서 기르시는 개의 냄새도 배어 있고 해서 금세 쉬야를 하는 것이었습니다. 칭찬하고 간식을 주자, 그 때부터는 제대로 자기 혼자 화장실에 가서 배변을 했습니다. 애견을 믿지 못한 견주가 가져간 기저귀는 사용하지 않고 다시 가져오게 된 것입니다(^^).

"애견이 좀처럼 화장실을 기억해 주지 않아요"라고 고민하시는 견주는 많습니다. 그러나 그것은 정말로 '개가 좀처럼 기억하지 못한다'는 것일까요? '견주가 잘 가르치지 못한다'는 경우가 대부분이지 않을까요?

잘 가르치지 못하는 것은 '견주가 배설 타이밍을 관찰하면서 기다릴 수 없다', '칭찬하는 타이밍이 나쁘거나 늦다', '간식을 주는 것이 늦다', '간식의 매력이 적다' 등의 원인을 생각할 수 있습니다. 직장 때문에 낮에는 관찰하고 있을 수 없다는 것은 견주 측의 사정이고, 그것을 개가 화장실 가리는 방법을 익히지 못하는 탓으로 돌릴 일은 아닙니다.

아침에 한 번만이라도 좋으니까 잘 유도하고 잘 칭찬해 줄 수 있다면 엘리오스처럼 눈이 보이지 않아도 4일만에 배울 수 있을 정도입니다.

자신의 화장실 교육 방법을 애견이 이해하기 쉬운지 아닌지, 부디 다시 생

각해 보시면 좋겠습니다.

column

쓰다듬으면 개는 반드시 기뻐한다?

"당신이 애견을 쓰다듬을 때, 애견도 기뻐하고 있다." 정말로 자신 있게 그렇다고 말할 수 있습니까?

문제행동 개선을 위해 견주 댁을 방문했을 때, 저는 개가 자기 스스로 다가와 줄 때까지는 제가 먼저 다가가거나 손을 뻗어 쓰다듬는 행동은 하지 않습니다. 그들이 저를 무서워할 수도 있고, 무서워하지 않더라도 '이 사람이 나를 만져 주면 좋겠다'라고 생각할 만큼 신뢰하지는 않을 수도 있고, 처음에는 충분히 저를 관찰하고 싶을 수도 있기 때문입니다. 그것은 개에 대한 존중을 표현하는 제 나름대로의 수단이라고 생각합니다.

현관에 들어섰을 때, 기쁜 듯한 표정으로 저에게 달려들고(그것이 좋은 일인지 나쁜 일인지에 대해서는 여기서는 다루지 않겠습니다) 제 손에 달라붙어 장난치거나 제 얼굴을 핥아 주는 등 열렬한 환영을 받은 경우에는 저도 기쁘게 받아들입니다(^^).

다만, '좋아 쉬'라고 할 만한 쉬야를 흘리는 개의 경우에는 흥분시키지 않도록 하는 것이 중요합니다. 사실은 만지고 싶지만 마음을 독하게 먹고 참을 때도 있습니다. 그럴 때는 가능하면 침착한 음성으로 말만 걸어 주곤 합니다. 그렇게 해도 소변을 지리는 개도 있으니 주의할 필요가 있지만요(^^).

'화장실 문제'를 생각하다

문제행동 part 4

만지는 것을 싫어하는 부위라도 만지는 방법에 따라서는 기뻐하기도 합니다. '애견이 기뻐하는 스킨십 방법'을 알아두는 것도 사이가 좋아지기 위한 비결입니다.

　조금이라도 경계하는 기색이 보이는 경우에는 개와 눈을 맞추거나 말을 거는 것은 되도록이면 삼가고 있습니다.
　방에 들어갈 때도 개의 경계심을 자극하지 않도록 손발의 동작을 최소한으로 줄이고 천천히 움직입니다.
　겁이 많은 개라면 제 주위를 슬금슬금 돌아다니며 짖어대는 경우도 있습니다. 제가 약간이라도 그들에게 다가가려고 움직이면 당황해서 도망치는 개들이 대부분입니다. 그래도 신경이 쓰이는지 제 곁에 오는데, 그럴 때는 그들과 눈을 맞추지 않고 말도 걸지 않으면서 절대로 제가 먼저 손을 내밀지 않고 무시합니다. 그러면 뒷다리를 뒤로 빼면서도 테이블 같은 것 밑에서 살며시 제 무릎께 냄새를 맡고, 제 존재를 확인하려고 할 때가 많습니다.
　이 때, 개가 다가와 줬다고 해서 손을 내밀면 그 한 순간에 신뢰를 잃으니 만지는 타이밍은 참으로 어렵습니다. 그 날은 만지지 않는 것이 다음번에 더 빨리 친해지는 방법일 때도 있습니다.
　심하게 겁이 많은 경우에는 처음 레슨에서 전혀 교감할 수 없는 개도 있지만, 한 번 냄새를 맡고 제가 자기를 만지지 않는다는 것을 이해하면 엉덩이를 뒤로 빼면서도 제 무릎에 앞발을 대는 아이도 있습니다.

그런 모습을 보고 '속마음은 친해지고 싶은 거구나'라고 생각하면, 몹시 사랑스럽게 느껴집니다. 대부분의 견주들은 그 모습을 보고 놀라십니다. "이렇게 빨리 사람을 따르는 건 처음이에요!"라고 말이지요. 따르고 있다고 할 정도는 아니지만, 마음을 여는 중이라는 것은 확실합니다.
'만지지 않음'으로써 마음을 전하고 개와 대화하는 방법도 있는 것입니다.

그런 생각을 가지고 세상의 '사람과 개의 사정'을 다시 보면 자칭 '애견인'이라는 사람일수록 개의 감정을 무시하고, 싫다는 개를 강제로 안거나 위에서 덮치고, 자기 멋대로 거칠게 부비부비 쓰다듬는 사람이 많다는 느낌이 듭니다. 그럴 때 개를 보면 명백하게 싫어하는 티가 나고, 커밍 시그널(132쪽 참조)도 잔뜩 나타날 때가 많습니다. 대단히 싫으면 으르렁거리거나 위협으로 무는 개도 있습니다. 물론 그런 행동을 드러내면 견주가 엄격하게 혼내지만 개의 입장에서 생각하면 얼마나 불합리한 일일까요…….

개들은 우리가 생각하는 만큼 '나를 쓰다듬어 주면 좋겠다'라는 생각을 갖고 있지는 않습니다. 심지어 견주에게도 "지금은 쓰다듬지 마. 더 이상은 하지 마. 그렇게 기분이 좋진 않다고!"라고 바디 랭귀지로 표현하는 개는 많이

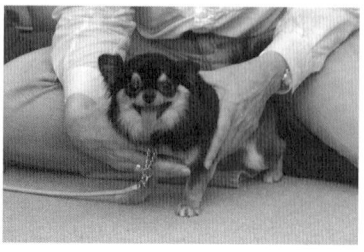

부드럽게 만져 줌으로써 애견의 긴장감을 풀어 주거나, 흥분을 가라앉힐 수도 있습니다.

발견할 수 있습니다. 견주에게 그 정도이니, 하물며 타인이 쓰다듬었을 때 기뻐하는 개는 얼마나 될까요?

　문제행동 고민 해결을 위한 출장훈련에서 타인이 쓰다듬는 것을 싫어하는 개가 많은 것은 어쩔 수 없다고 생각합니다. 그러나 그룹 레슨에서 만나는 개들도 '타인을 싫어하는 건 아니지만, 딱히 나를 쓰다듬어 주기를 원하진 않아', '되도록이면 나를 안 만졌으면 좋겠어'라고 생각하는 개는 상당히 많다는 느낌이 듭니다.

　인간과 달리 의사소통 수단으로 언어를 사용하지 않는 개들과 더 친해지기 위해서는 사람 쪽의 감정을 강요하면 안 됩니다. 더욱 더 애견의 태도나 동작 등을 섬세하게 관찰하여 그들을 최대한 이해하고 사람 쪽에서도 바디 랭귀지로 마음을 잘 전해줄 수 있도록 노력해 보면 지금보다 더욱 더 친해질 수 있을지도 모릅니다.

문제행동 part 5

견주를
얕잡아 본다!?

개가 마치 견주를 얕잡아 보는 듯한 행동을 취할 때는,
견주 자신이 개를 대하는 방법에 문제가 있는 경우도 있습니다.
늘 하던 대응 방법을 다시 생각해 보시지 않겠습니까?

문제행동 part 5

'유능한 주인님!'이라고 생각하게 만들기

『폰테』의 사례
(이탈리안 그레이 하운드/수컷/4개월)

지금까지 1,600쌍 이상의 견주와 애견을 만났는데, 그 중에는 이따금씩 (의외로 꽤 많이?) '왜 이 견주가 이 견종을 선택하신 걸까……'라는 생각이 드는 조합이 있습니다(^^).

'폰테'는 한없이 밝고 활기찬 강아지였습니다. 만나러 가보니, 제 방문을 무척 기뻐해 주며 흥분해서 방 안을 뛰어다녔습니다. 이탈리안 그레이 하운드는 정말로 날쌥니다! 얼굴도 제대로 볼 수가 없었습니다. 견주는 열심히 폰테를 붙잡으려고 하셨지만 잡힐 리가 없습니다(^^;;;).

폰테는 가끔씩 일부러 견주에게 달려들어 살짝 무는 모양이었는데, 그럴 때마다 견주는 "아야!"라고 말했습니다. "기다려!"라고 소리쳐 보긴 했지만 폰테에게 전해질 리는 없고……. '그럼 차라리 말을 안 하는 게 나을 텐데.' 그런 생각을 하면서 관찰하고 있었지만, 그 상태로는 끝이 없을 것 같았기 때문에 제가 폰테를 붙잡기로 했습니다.

　뛰어다니는 개를 붙잡을 때는 우선 사람은 되도록이면 움직이지 말고 상대(개)가 움직이는 패턴을 파악하는 것이 중요합니다. 가만히 서서 눈으로 뒤쫓다 보면, 그 다음에 어디로 가려고 하는지 보이기 시작합니다. 움직임이 보였을 때 상대방이 가려고 하는 방향을 몇 번 막을 수 있으면, 상대방은 단념하는 경우도 있습니다. 즉, 도망치지 않고 '자기 스스로 멈춰서 붙잡혀 주는' 것입니다.

　이렇게 간단히 썼지만, 성공하려면 다소 숙련된 기술이 필요하다고 봅니다. 나머지는 그 사람의 자질에 달려 있다고나 할까요? 저는 학창 시절에 탁구를 했는데, 그 덕분에 작은 공의 움직임을 보는 능력과 순간적으로 빠르게 몸을 움직이는 힘이 길러져 도움이 되었을지도 모릅니다(그렇다고 해도 탁구를 한 건 아—주 옛날 일이지만요……).

　이찌지찌하여 폰데는 무사히 제 품 인에 들이왔습니다. 이리둥절힌 표정으로 '내가 왜 잡혔을까?'라고 생각하는 것 같아 보이기도 했습니다. 그리고 견주도 어리둥절하게 "그렇게 빨랐는데 어떻게 잡으셨어요~?"라며 신기해하셨습니다. "이탈리안 그레이 하운드가 빠르다는 걸 모르셨어요?" 저도 신기해하며 되물었습니다……(^^). 견주는 약간 통통하고 차분한 인상을 주는, 온화한 미소가 멋진 분이셨습니다.

　제가 안고 있던 폰테를 견주에게 안겨 드리려 하자, 폰테가 제 품 안에서 발버둥치기 시작해서 거기서 잠깐 교육적 지도에 들어갔습니다. 저는 팔에 적절히 힘을 주고 폰테가 제 힘을 느끼도록 하면서, 제 얼굴을 폰테의 얼굴에 들이대고 낮은 목소리로 "으르렁~"이라고 한 마디 했습니다. 그럴 때 힘이 너무 세면 강아지가 겁에 질리고, 힘이 너무 약하면 강아지가 자기 마음대로 할 수 있다고 생각해서 오히려 더 날뛸 수 있으니 주의할 필요가 있습니다.

폰테는 브리더에게서 데려왔기 때문에 부모 개, 형제 개들과 제대로 함께 생활한 경험이 있으리라고 봤는데, 제 으르렁 소리에 잘 반응해 주었습니다. 마치 '헉'하고 놀란 듯이 제 얼굴을 올려다봐서, 저는 그 후에 곧 약간 높은 목소리로 "영리하구나~"라고 칭찬해 주었습니다. 이럴 때 쓰다듬으면서 칭찬하는 사람이 있는데, 쓰다듬는 것을 개가 싫어하는 경우에는 벌칙으로 받아들이니 주의하십시오. 특히 처음 만난 경우에는 다정한 목소리로 말을 걸면서 두세 번 살짝 쓰다듬는 정도가 딱 좋지 않을까 합니다.

우선은 이야기를 자세히 듣기 위해서 견주도 저도 소파에 앉아 대화를 시작했습니다. 처음에 폰테는 장난감을 물고 오거나 참견을 하고 싶어 했는데, 견주와 제가 완전히 무시하고 반응하지 않았더니 포기했는지 제 발에 엉덩이를 톡 갖다 대고 잠을 자기 시작했습니다. 견주가 아니라 저에게 붙은 것입니다.

견주는 약간 충격을 받았을지도 모릅니다. 아마도 폰테는 제가 자기를 붙잡고, 그 후에 자기가 발버둥치자 "으르렁"이라는 개 언어로 혼내고, 발버둥을 그치자 즉시 칭찬해 주는 등 제가 보낸 메시지가 이해하기 쉬워서 저를 마음에 들어 한 것이겠지요.

어린 강아지는 자기를 안심시켜 주는 당당한 존재를 원합니다. 이번 레슨에서 폰테는 그런 존재를 저에게서 찾아낸 모양입니다. 이름을 붙인다면 '의지할 수 있는 두목'이라고나 할까요?

폰테의 견주도 부디 그런 존재가 되어서 좋은 관계를 쌓으시기를 바라는 마음으로 저는 강아지를 위한 베이스 프로그램('개의 문제행동 처방전' 22쪽 참조)을 실시하시도록 했습니다.

그리고 '주인님은 폰테의 움직임을 컨트롤할 수 있다'라고 폰테에게 학습시키고 싶었지만 견주에게 날렵한 동작을 기대하기는 어려울 듯한 느낌이 들어서 폰테를 케이지에서 나오게 할 때는 리드줄을 착용시키게 하고, 폰테의 움직임을 리드줄로 컨트롤하시도록 부탁했습니다(※). 방 안을 뛰어다니는 것은 나쁜 짓이 아니므로 혼낼 필요는 전혀 없지만 컨트롤할 수 없다면 위험하기도 하고, 컨트롤함으로써 개가 견주에게 관심을 갖게 하는 것도 중요합니다.

리드줄을 착용하고, 100%까지는 아니라도 견주가 개를 붙잡을 수 있게 됨으로써 폰테에게 변화가 나타나기 시작했습니다. '리드줄을 달고 다니면 붙잡히기 마련이다'라고 학습하여 리드줄을 착용하고 있을 때는 별로 도망을 다니지 않게 된 것입니다. 개는 참으로 영리합니다.

금세 붙잡을 수 있다는 것 때문에 견주도 자신감을 갖게 되었고, 폰테에게 지시를 내리는 목소리의 톤도 달라졌습니다. 개는 민감한 동물이라서 견주의 그런 변화를 느끼고 "이리 와", "앉아", "기다려" 등의 훈련도 하기 쉬워졌습니다.

폰테가 뛰어다니려고 하거나 이미 뛰어다니기 시작했을 때는 당황하지 말고, 큰 목소리도 내지 말고, 결코 쫓아다니지 말고(따라잡을 수 있을 리가 없습니다!) 간식도 잘 이용하여 "이리 와"라고 불러서 되돌아오게 합니다. 그리고 "앉아"로 엉덩이를 지면에 붙이게 하고 "기다려"로 얌전하게 만들도록 훈련을 부탁했습니다.

폰테는 견주와 함께하는 이 게임이 마음에 들었는지, 뛰어다니려고 하긴 해도 견주의 얼굴을 보며 "빨리 '앉아'라고 해줘!"라는 듯이 기다리게 되었다고 합니다. 그런 모습을 본 견주는 "점점 더 사랑스럽게 느껴져요"라고 말해 주셨습니다.

※ 리드줄을 착용시키고 방 안에 풀어줄 때는 리드줄이 다른 곳에 걸리면 대단히 위험합니다. 반드시 눈을 떼지 않고 지켜보도록 합니다.

문제행동 part 5

견주를 얕잡아 본다!?

폰테는 아직 생후 4개월이니, 2개월만 더 있으면 자기주장이 강해져서 "이리 와", "앉아", "기다려"에 순순히 따르지 않게 될지도 모릅니다. 만약 그렇게 되어도 훈련 받은 내용을 잊어버린 것은 아닙니다. 상대방(개)의 페이스에 휩쓸리지 말고 침착하게 간식을 다른 것으로 바꾸는 등 머리를 써 보십시오. 개는 냄새 자극에 민감하므로 늘 먹던 간식 냄새에 질렸을 때 새로운 것으로 바꾸어 주면 갑자기 의욕이 솟아나는 경우가 있습니다. 개에게 지지 않고 지혜를 짜내어 확실하게 결정권을 유지할 수 있도록 마음을 다잡으시면 좋겠습니다.

애견이 '안심'할 수 있는 견주 되기

「포포」의 사례
(와이어 폭스 테리어/암컷/4개월)

"자녀분께 좋은 친구가 될 거예요!"라는 애견샵 점장님의 말을 듣고, 그 복슬복슬한 봉제인형 같은 모습에 마음이 끌려 기르기 시작한 결과……. 하루가 다르게 행동이 과격해져서 저에게 상담 요청을 하셨을 무렵에는 초등학교 저학년인 아드님과 놀고 싶어서 아드님을 뒤쫓아 다니고, 장난으로 무는 힘의 조절이 되지 않아서 아드님의 무릎은 피투성이였다는군요. 견주는 그런 개를 데려온 자기 자신을 책망하며 아드님에게 사과하고, 견주의 남편 분이 원래 개를 싫어했지만 기르는 것을 이해해 주었기 때문에 남편에게도 사과만 하는 나날을 보내고 있었습니다. 호들갑이 아니라 매일 밤마다 울면서 개를 기른다는 것에 대해 상담 요청을 하게 되었다고 합니다.

당장 자택을 방문해 보니, 견주는 말투가 부드럽고 인상이 상냥해 보이는 여성이었습니다. 선이 가늘다고나 할까요? "너는 내가 없어도 혼자서 살아

문제행동 part 5

갈 수 있는 사람이니까"라는 말은 한 번도 들어 본 적이 없을 것 같은 분이 셨습니다.

문제의 '포포'는 케이지에서 나오게 해 준 순간, 저를 향해 신나는 듯이 달려와서 그대로 점프하여 제 손을 장난으로 물고 공격했습니다. 힘 조절도 거의 안 되어서 제법 아팠습니다. 하지만 첫 만남이니 결코 혼내지 않고 물리적으로 붙잡아 케이지에 다시 들어가게 했습니다.

예전에 제 친구가 기른 와이어 폭스 테리어 '디디에'는 저의 '단짝 친구'였습니다. 저는 제 친구가 "폭스 테리어를 기르고 싶어"라는 말을 꺼냈을 때는 반대했습니다. 개를 처음으로 기르는 친구가 기르기에는 결코 쉬운 개가 아니라고 생각했기 때문입니다. 주변에서도 "폭스 테리어는 힘들어!"라고 말했지만 제 친구는 도저히 포기할 수가 없어서 제가 브리더 댁에 동행한 상태에서 "강아지가 오면 내가 근무했던 훈련소에 보내는 거야"라는 약속까지 받아내고 기르게 된 것이었습니다.

그런 일이 있었으니만큼, 애견샵 직원 분의 "좋은 친구가 될 거예요"라는 발언은 약간(이 아니라 상당히) 설명이 부족했다는 생각이 듭니다. 물론 제 친구의 디디에는 아주 착한 아이로 자랐고, 자기 주인의 남자친구를 만났을 때보다 저를 만났을 때 더 기뻐해 주는(^^) 참으로 귀여운 아이였습니다. 하지만 그것은 저도 열심히 길들이기를 도왔고 제 친구도 열심히 노력한 결과라는 점이 큽니다.

장난으로 무는 것이 과격해서 피를 보기 때문에 견주의 아드님은 포포가 케이지에서 나오면 소파 위로 피신하도록 하고 있었다고 합니다. 그렇지만 최근에는 포포가 시원스럽게 점프하여 소파 위에 올라가기 시작해서 소파에서 내려가게 하려고 시도하면 으르렁거리며 위협하게 되었다는 것이었습니다.

저는 폭스 테리어의 기질을 알고 있어서 이상하다는 생각이 들지 않았지만, 어린 아이가 있으면 몹시 걱정이 됩니다. 초등학생 어린이의 얼굴 높이 정도라면 도움닫기 없이 여유롭게 제자리에서 점프하여 도달할 수 있는 신체능력을 가진 개가 폭스 테리어입니다. 무슨 일이 있어서 얼굴을 물리기라도 하면 큰일입니다!

그래서 우선은 견주 아드님의 긴급 피난 장소를 만들기 위해, 포포에게 소파 위에 올라가지 않는 훈련부터 시작하기로 했습니다. 포포를 케이지에서 나오게 하자, 기회를 놓치지 않고 소파 위에 올라갔기 때문에 "포포가 소파에 올라가면 즉시 목줄을 잡고 '안 돼' 같은 짧은 말 한 마디로 혼내고 끌어내리세요"라고 시범을 보였는데 견주의 표정이 이상했습니다. '끌어내리기가 겁나는 걸까?'라는 생각이 들어 물어보니, "왠지 불쌍해서……"라고 하시는 것이었습니다.

아드님이 피투성이가 된 적이 있는데 포포가 불쌍하다니!? 그런 마음가짐 때문에 안 되는 거라고요! 그런 태도로는 사람이 보내는 메시지가 올바르게 전달되지 않습니다. 지금 포포에게 전해야만 하는 메시지는 "소파에 올라가면 불쾌한 일이 생길 거야", "올라가지 않으면 기분 나쁜 일도 안 생기고 칭찬도 받을 수 있어"라는 말입니다. 그 말을 전할 수 없다면 아드님이 놀고 있을 때 포포는 절대로 케이지에서 못 나오거나, 아니면 포포가 나왔을 때 아드님이 피신할 수 있는 장소를 만드는 것을 포기해야 합니다. 하지만 견주가 바라는 것은 "가능하면 포포가 아들과 사이좋게 지내면 좋겠어요"라는 것이었습니다. 그렇기 때문에 더욱 더 노력하셔야 된다고 했는데, 왠지 움직임에 절도가 없고 아무리 봐도 견주의 박력이 부족했습니다. 어중간

한 견주의 메시지를 포포는 놀이로 받아들였고, 훈련은 '소파 오르내리기 놀이'가 되고 말았습니다.

제가 "좀 더 의연한 태도로 소파에서 끌어내리세요"라고 부탁하자, 견주는 "억지로 끌어내리면 저를 싫어하지 않을까요?"라고 걱정했습니다.

과연, 그런 고민이 있었군요. 어떻게 보면 개에게 미움을 살 행동을 하지 않고서는 '올라가면 안 된다'라는 학습을 시킬 수가 없으니, 일리가 있는 말입니다. 그러나 상대방은 폭스 테리어입니다. 좀 더 '누님'같이 행동하셔야 한다는 판단 하에 다시 제가 시범을 보여드리기로 했습니다.

포포가 의기양양하게 소파에 올라가서, 저는 낮은 목소리로 "안 돼!"라고 말하며 목줄을 잡고 소파에서 내려오도록 재촉했습니다. 이 때, 그냥 끌어내리기만 하는 것이 아니라 '내려올 수밖에 없도록 목줄을 누르는 느낌을 주는' 것이 포인트입니다. 내려온다는 선택은 어디까지나 개 자신이 하는 것이어야 합니다.

목을 억눌린 포포는 약간 저항하며 날뛰었지만, 제 힘이 자기보다 강하다는 것을 느끼자 순순히 내려왔습니다. 그리고 소파에서 내려온 순간, 몸을 부들부들 떨었습니다. 이것이 커밍 시그널(※)로 판단되는데, 제가 포포를 끌어내릴 때 다소 스트레스를 받은 것으로 보입니다. 즉, "소파에 올라가면 기분 나쁜 일이 생길 거야"라는 메시지는 전달된 것입니다. 내려왔을 때 즉시 칭찬해 주었더니, 포포는 무척 기쁜 듯이 저에게 달려들어 제 입가를 핥아 주었습니다. 이어서 "앉아"라고 지시하자, 즐거운 듯이 순순히 앉았기에 간식을 주었습니다.

그 후, 포포는 제 발에 자기 등을 톡 갖다 대고 잠자기 시작했습니다. 제가 보낸 메시지는 확실하게 포포에게 전달되었다는 것이 실감났습니다. 포포는 안심하고 곁에서 잠잘 수 있는 상대로 저를 선택한 것입니다.

그것을 본 견주는 "제가 아니라 선생님 곁이 좋은가 봐요. 그래도 이해할 수 있을 것 같아요"라고 말했습니다. 그리고 "저도 선생님과 함께 있으니까 안심이 돼요. 그러니까 저도 포포에게 선생님 같은 존재가 될 수 있도록 제 아들을 위해서라도 열심히 할게요!" 그렇게 말해 주셨습니다.

포포의 견주에게는 개와 올바른 관계를 만들기 위해 어린 강아지를 위한 베이스 프로그램('개의 문제행동 처방전' 22쪽 참조)을 확실하게 실시하시도록 했습니다.

활발한 포포의 움직임을 컨트롤하기 위하여 "이리 와", "앉아", "기다려" 훈련도 아주 좋아하는 간식을 사용하여 철저히 실행하시게 했습니다. 특히, 여러 가지 자극이 있어도 기다릴 수 있는 훈련을 부탁 드렸습니다. 그 후 한동안 시간이 흐르고, 견주가 보내 주신 이메일에는 이렇게 적혀 있었습니다.

"지도해 주신 덕분에 저도 강해질 수 있었습니다. 신기하게도 저와 아늘의 관계도 좋아졌습니다. 이제는 포포가 으르렁거려도 "으르렁 하면 안 되지!"라고 꾸짖을 수 있는 제가 되었습니다. 매일 밤마다 울면서 사촌에게 고민 상담을 하거나 선생님께 이메일을 보내던 일이 이제는 거짓말 같을 정도로요."

그 후 사춘기에 들어가 반항심이 생긴 포포는 자기 나름대로 말을 듣지 않기도 했다는데, 견주는 계속 마음을 단단히 먹고 열심히 노력해 주셨습니다. 그리고 다시 약 반년이 지난 후, "포포가 병을 앓고 있다는 것을 알게 되었어요"라는 이메일을 받았습니다. 견주는 포포에게는 자기밖에 없으니 포포를 지켜주기 위해서 자신이 더 강해져야 한다는 것을 실감했다고 합니다. 그리고 이메일 내용은 이렇게 끝을 맺었습니다. "이제 저는 포포에게 지지 않습니다. 그리고 포포의 병에도 절대 지지 않겠습니다."

column

견종(犬種)에 대하여

견주가 "어떤 견종이 기르기 쉬울까요?"라고 물어보시는 일이 종종 있습니다. 각 개체의 차이도 있어서 쉽사리 대답하기는 꽤 어려운 질문입니다.

굳이 말하자면 기르기 쉬운 견종으로 시츄, 카발리에 킹 찰스 스패니얼 등이 손꼽힐 때가 많다는 생각이 듭니다. 실제로 기르는 사람 입장에서는 "아니, 기르기 쉽지는 않아"라는 의견도 있겠지만, 만약 같은 고민을 발생시키는 행동(짖기, 물기 등)이 다른 견종, 예를 들면 시바견이나 웰시 코기, 테리어 종에게 발생한 경우, 행동을 개선하는 작업은 몇 배나 더 힘든 일이 된다고 느끼곤 했습니다. 이것은 제가 최근 12년 동안 문제행동으로 견주를 곤경에 빠뜨린 개 1,600마리 이상을 (그 중 일부는 문제행동이 아직 드러나지 않은 어린 강아지도 있었지만요) 마주하면서 느껴 온 것입니다.

또한 견주의 성격이나 라이프스타일, 환경, 견주가 꿈꾸는 이상적인 관계 등에 견주가 선택한 견종의 성격이 맞지 않는 경우도 있습니다.

실제로 제가 다루어 본 개들 중에서 떠오르는 것은 '존(보더 콜리/수컷/4개월)'의 사례입니다.

존의 견주는 간호사였는데, 야간 근무가 있는 직업 때문에 밤에 집을 비우기도 했습니다. 집은 그다지 넓지 않았고, 게다가 거동이 불편하신 할머님과 개를 무서워해서 만지지 못하는 독신 남동생까지 함께 살고 있었습니다. 존의 개집은 몸이 겨우 들어가

견주를 얕잡아 본다!?

문제행동 part 5

는 비좁은 케이지였습니다…….

보더 콜리는 원래 가축을 몰고 다니기 위한 작업견이라서, 넓은 공간에서 뛰어다니는 것을 아주 좋아합니다. 그리고 그만큼 풍부한 운동량을 필요로 하는 견종입니다. 그렇다는 말은 즉, 산책을 많이 해서 운동 에너지를 소비시켜 줄 필요가 있다는 것입니다.

그러나 바쁜 간호사는 산책을 위한 시간을 웬만해서는 충분히 낼 수가 없습니다. 집에서는 누워 계신 할머님의 병수발도 들어야 합니다. 동생에게 산책을 부탁하려고 해도 개를 무서워해서 만지지도 못하니 무리라는 것이었습니다.

그런 환경에서 지내던 존은 어느 날, 자기를 하우스에 들어가게 하려던 견주의 손을 물고 말았습니다. 하우스는 한창 성장기인 존에게 너무 작은 사이즈였으니 자기 나름대로 저항을 한 것이리라 생각합니다. 명백한 운동 부족도 공격적인 행동의 원인이 되었다고 봅니다.

실제로 존을 만나 보니, 지극히 평범한 강아지였습니다. 아직 생후 4개월이라서 몸놀림도 어린 강아지다웠고, 에너지가 있어서 몹시 활기찼습니다. 사람을 잘 따르고 제가 프로레슬링 놀이를 하자고 신호를 보내 주었더니, 능숙하게 힘 조절을 하면서 무는 장난도 칠 줄 아는 강아지였습니다. 도저히 견주를 피투성이로 만든 개라는 생각이 들지 않았습니다.

그러나 견주는 그런 존에게 "절대로 사람을 물면 안 돼", "자동차에 달려들면 안 돼" 등을 가르치기 위해서, 자기 주변의 다른 견주들이 해 준 충고에 따라 체벌을 가하고 말았습니다.

 체벌이 전면적으로 안 된다는 것은 아니지만, 신중하게 이용하지 않으면 오히려 개의 공격성을 끌어낼 수도 있습니다. 그 결과, 견주와 개의 신뢰관계는 무너지고 개는 자기 몸을 지키기 위해 견주를 공격하는 것을 배우게 되고 맙니다. 손도 예외는 아니었는지, 체벌을 받은 그 날 밤에 견주를 다시 피범벅으로 만들고 말았습니다.

 이 경우에 견주의 주거환경과 가족 구성, 라이프스타일은 결코 보더 콜리 사육에 적합하다고 할 수 없었습니다. 고민 끝에 눈물겨운 선택이긴 했지만, 저는 존에게 새로운 견주를 찾아 주는 게 어떻겠냐는 제안을 하지 않을 수 없었습니다. 견주는 몹시 슬퍼했지만 최종적으로는 납득해 주시고 존의 새 가족을 찾게 되었습니다. 그렇지만 사람을 문 적이 있는 개를 입양할 사람을 찾는 것은 동물보호단체 중에서는 거절하는 곳도 있습니다. 결국 존은 동물보호단체의 도움을 받지는 못하고, 아는 사람을 통해 규슈에 있는 목장에서 신세를 지게 되었습니다.

 바쁘기 때문에 더욱 더 '개를 기르면서 마음을 치유 받고 싶다'라고 생각하는 사람도 많을 것입니다. 연세가 많은 어르신들의 QOL(Quality Of Life, 삶의 질) 향상을 위해 '개를 기르실 것을 권유'한다는 사고방식도 있는 듯한데, 현실적으로 보았을 때 과연 그것은 올바른 것일까요?

개와 함께 생활하려면, 개를 위해서 그 나름대로 시간을 들일 필요가 있습니다.

특히 어린 강아지일 때부터 기르기 시작하는 경우에는 손이 많이 가고 길들일 것도 많아서, 견주의 생활에 부담이 되어 '육견(育犬) 노이로제' 같은 상태가 된 후에야 길들이기 상담을 요청하시는 분도 많습니다.

연세가 많으신 견주 중에는 이런 사례도 있었습니다. 견주는 70세에도 아직 현역으로 전문학교에서 플로리스트 강사로 활동하는 활기찬 노부인이셨습니다. 그 견주의 아드님이 출장 훈련을 의뢰하셨는데, 견종은 레이크랜드 테리어였고 생후 5개월 된 수컷이었습니다. 아버님이 돌아가시고 홀로 되신 어머님을 배려하여 아드님이 선물한 강아지였다고 합니다.

그러나 어느 날, 늘 하던 대로 장난감을 이용해 개와 함께 놀아 주다가 이제 끝내고 개를 하우스에 들어가게 하려고 장난감을 빼앗으려는데 개가 무시무시한 모습으로 으르렁거린 것이었습니다. 그것을 목격한 아드님이 황급히 레슨을 신청했다는 얘기였습니다.

테리어 종은, 흥분 스위치가 켜지면 행동이 상당히 과격해지는 일이 자주 있습니다.

들판에서는 우수한 사냥꾼이니 이상한 일이 아니지만, 연세가 많은 분과 함께 생활할 때는 불필요한 행동이 나타나기 쉬운 것도 사실이라는 것이 제 생각입니다.

견주의 이상과 현실이 맞지 않았던 일이라면, 시바견 여자아이 '하나(생후 3개월)'가 생각납니다. 하나의 견주는 쓰다듬으려고 할 때마다 하나가 싫어서 도망치는 것을 보고, '개가 쓰다듬는 걸 싫어하다니 이상하네'라고 느꼈나고 합니다.
여러분은 어떻게 생각하시나요?
사람이 자기 머리를 쓰다듬거나 또는 자기 몸을 만지는 것을 별로 좋아하지 않는 개는 드물지 않다고 저는 느낍니다. 견주가 만지는 것은 기쁘지만, 모르는 사람이 만지는 것은 싫다는 패턴도 있습니다. 일반적인 레슨이나 K9 게임 팀에서 많은 개들을 만나 봤지만, 누가 자기를 쓰다듬어도 너무너무 좋다고 하는 개를 기억 속에서 찾아내는 것이 더 어렵습니다. 그런 개들의 수는 압도적으로 적다고 생각합니다.
특히 시바견은 제 나름대로 상당히 많이 만나 봤지만, 친해졌다고 해도 제가 자기를 쓰다듬는 것을 기뻐해 주는 개는 거의 없었습니다. 이것에 관하여 훈련사 동료 몇 명에게 물어봐도 같은 의견이 되돌아왔습니다. 시바견을 비롯한 동북아시아 토종견들은 거리낌 없이 자기를 쓰다듬는 것을 기뻐하지 않을 때가 많은 듯합니다.
저는 견주에게 제 경험을 바탕으로 "시바견은 사람이 자기를 쓰다듬는 것, 특히 머리를 쓰다듬는 걸 좋아하는 개가 드물어서 굳이 따지자면 적절한 거리를 유지하면서 대하는 것이 친해질 수 있는 비결이라는 생각이 들어요"라고 말했습니다.

그 말을 듣고 견주는 몹시 실망했습니다. 견주는 언제나 쓰다듬고 러브러브 애정표현을 하며 안아줄 수 있는 개, 그런 관계를 바라고 있었다고 합니다. 유감스럽지만…… 견종 선택을 잘못하신 것으로 보입니다.

어느 견종이든지, 기를 수 없는 견종은 없다는 것이 제 생각이지만 견주가 바라는 라이프 스타일에 맞추기 쉽다, 또는 맞추기 어렵다는 차이는 있습니다. 앞으로 개를 기르실 분은 먼저 견종의 특징을 잘 알아본 후에 데려오시면 좋겠습니다. 애견샵 직원은 좋은 점만 말하는 사람도 많은 듯하니 조심하십시오. 가장 추천하고 싶은 방법은 실제로 그 견종을 기르고 있는 사람을 여러 명 찾아서 그 견종에 대해 물어보는 것입니다. 애견 동호회 정모 등에 참석해서 이야기를 듣거나 실태를 관찰하는 것도 매우 좋은 일이겠지요.

실제로 ○○테리어를 너무나도 기르고 싶어서 그 개가 꿈에도 나왔다는 사람이 그 견종을 기르는 견주들의 모임을 견학하러 갔다가 실태를 보고 ○○테리어를 기르는 것을 재검토하게 된 일도 있었습니다. '○○'에 들어갈 말은 지금 여기서는 비밀로 해 두겠습니다(^^;;;).

※기재한 견종의 모든 개가 그렇다고 할 수는 없습니다. 물론 개체별 차이 및 예외도 있습니다.

문제행동 part 6

말을 듣지 않아요

'개가 견주의 말을 듣지 않는' 것은, 그 개가 바보라서가 아닙니다.
그 이유를 확실하게 파헤쳐서
견주 자신의 행동을 바꿔 나가는 것도 중요한 일입니다.

'불러도 오지 않는' 것은?

「훌라」의 사례
(미니어처 슈나우저/암컷/3개월)

'훌라'를 생후 3개월에 저희 집으로 데려왔을 때, 제가 아주 좋아하는 친구 M이 자주 놀러 왔습니다. 그녀의 마음에 든 개는, 그 당시 저희 집에 있었던 '록'을 비롯한 미니어처 슈나우저 군단 중에서 가장 어리고 홍일점이라는 이유도 있어서 훌라였던 모양입니다.

어느 날, M이 놀러 와서 "훌라, 훌라, 이리 와~"라고 간드러진 목소리로 불렀습니다. 하지만 훌라는 완전히 무시했습니다.

M은 "어머~, 아직 자기 이름을 못 알아듣는 거야? 혹시 머리가 안 좋은가?" 등 실례되는 말을 하면서 한결같이 계속 불렀습니다. 너무 시끄러워서 "훌라, 이리 와"라고 제가 부르자, 즉시 훌라가 달려왔습니다. M은 몹시 불쾌해 보였는데(^^) 주인이니까 온 거라는 둥, 투덜투덜 불평을 하면서 상당히 풀이 죽어 있었습니다.

"그건 내가 우수한 애견 훈련사기 때문이야!"라고 말하고 싶었지만, 결코 제가 애견 훈련사기 때문만은 아닙니다. 왜 이런 일이 생겼는지 설명하겠습니다.

M이 훌라를 부른 이유를 물어보니 되돌아온 대답은 "만지고 싶으니까!", 그것뿐이었습니다. M은 훌라를 만지고 싶다, 하지만 어쩌면 훌라는 M이 만지는 것을 원하지 않을지도 모른다. 만져 주기를 원했다면 틀림없이 솔선해서 올 것이니, 와 주지 않았다는 것은 아마도 자기를 만지는 것을 원하지 않았다는 것이겠지요. 만지는 손놀림이 서툴렀을 수도 있고, 애당초 M이 자기를 만지는 것을 싫어했을 가능성도 있습니다. 개는 기쁜 일이 생기면 그 행동을 되풀이하고, 기쁜 일이 생기지 않는(또는 기쁘지 않은 일이 생긴)다면 그 행동을 하지 않게 됩니다.

제가 집에서 개늘을 부를 때는 반느시 좋은 일이 생기게 해 줍니다. 평소에도 함부로 부르지 않도록 하고, 부를 때는 반드시 간식을 줍니다. 이 때 주는 간식의 양은 아주 조금이라도 괜찮습니다. 즉, "주인님이 부를 때는 반드시 좋은 일이 생겨!"라고 개들이 학습한 것입니다.

그 당시 훌라는 아직 생후 3개월, 저희 집에 온 지 1주일도 되지 않았는데 이 사람이 부르면 무슨 일이 생기는지(또는 생기지 않는지)를 제대로 이해한 것이었습니다.

'M이 불러 봤자, 그냥 M이 나를 만지고 싶은 것뿐이고 신나는 일은 안 생겨. 지금은 나를 안 만졌으면 좋겠어.' 훌라는 그런 식으로 생각했을지도 모릅니다.

생후 3개월이라고 하면, 아직도 아기 같은 느낌이 듭니다. 그러나 그 후

홀라가 3살이 되었을 때 새끼를 낳고 강아지들의 성장을 계속 관찰해 보니, 생후 3개월이라는 나이는 우리가 생각하는 것보다 훨씬 어른이라고 느끼게 되었습니다.

"애견이 불러도 안 와요"라고 한탄하시는 견주는 대단히 많지만, 그것은 평소부터 무턱대고 너무 자주 부른 것이 원인일 수도 있습니다. M의 사례도 그것이 큰 원인이었기 때문에, 우선 쓸데없이 부르지 않도록 했습니다. 불렀을 때 와 주면 반드시 간식을 주게 했더니, 홀라는 금세 M 곁으로 뛰어오게 되었습니다. M은 무척이나 기뻐했지만, 아마 M이 아닌 다른 사람이었더라도 곧 그렇게 되었을 겁니다(^^).

함부로 부르지 않는 것도 중요하지만, 불러 놓고 기쁘지 않은 일을 하는 것은 말도 안됩니다. 예를 들면, "털 빗질할 거니까 이리 와!" 같은 건 최악이지요. 귀 청소, 양치질, 발톱 깎기 등은 대부분의 개들이 싫어하는 일입니다. 그런 것들을 할 때 개를 부르면, 그 후에는 웬만해서는 불러도 오지 않게 됩니다. 심지어 한 손에 발톱깎이를 들고 부른다면 개가 올 리가 없으니 주의하십시오.

"그러면 빗질을 어떻게 하면 되나요?" 같은 의문도 있을 것입니다. 그럴 때는 아무렇지도 않게 개에게 접근하면서 아무렇지도 않게 붙잡아서 우선은 좋은 일을 해 주고 (예를 들면 간식을 주고) 나서, 그대로 빗질을 할 장소까지 데리고 가면 됩니다. 소파에 앉아서 무릎 위에 개를 올리거나, 또는 애견미용 테이블 위에 올리는 등 개가 익숙한 환경에서 빗질을 해 줍니다. 빗은 미리 준비해 두고, 즉시 작업을 시작할 수 있도록 해 두시기를 권합니다. 길들이기도 관리도 애견보다 조금 더 영리해지는 것이 중요한 법입니다.

아빠가 없으면……

『톰』의 사례
(래브라도 리트리버/수컷/1살)

"애견이 아이 아빠 말밖에 안 들어서 힘들어요"라는 상담 요청을 받았습니다. 자택을 방문해 초인종을 누르자, 집 안에서 "워워워워웡!"하고 짖는 소리가 들려왔는데 현관문이 좀처럼 열리지 않았습니다. 설마 집을 비우신 건 아니겠지 하고 걱정했는데, 초등학교 저학년인 어린 여자아이가 문을 열어 주었습니다.

집 안에 들어가 보니, 거실 안쪽에서 그 댁 어머니가 필사적으로 '톰'의 리드줄을 잡고 있었습니다. 톰은 저를 발견한 후, 달려들고 싶어서 어쩔 줄 모르는 상태였습니다. 공격적이지는 않은 것 같았는데, 래브라도 리트리버 특유의 사람을 잘 따르는 성격을 표현하면서 웃는 얼굴(?)로 저를 보며 짖고 있었습니다.

방 안을 둘러보니, 있어야 할 가구 등이 없었습니다. 물론 바닥에도 아무것도 없었고, 게다가 커튼도 없어서 집 안이 이웃에서 다 보이는 상태였습니다.

식탁은 캠핑장에서 쓸 법한 알루미늄 제품이었고, 의자는 금속 파이프를 조립한 것이 두 개 있었습니다……. 텔레비전과 오디오에는 그물 모양 패널을 씌워 놓아서, 스위치를 누를 때는 그물 틈새 부분으로 손가락을 넣는 식이었습니다.

"편히 앉으세요"라는 말씀에 파이프 의자에 앉았습니다. 견주 가족 중 어머니는 필사적으로 톰을 억누르느라 도저히 함께 앉을 수 있을 것 같지 않았습니다. "차를 대접하고 싶은데……"라고 말씀하셨지만 턱도 없습니다! 그런 무서운 말씀은 하지 마세요! 톰이 쟁반을 뒤집어서 뜨거운 차가 흩뿌려지고, 쏟아진 자를 닦는 것조차도 마음대로 되시 않으리라는 것쯤은 쉽게 상상할 수 있었습니다.

"찻잔 받침도 톰이 씹어먹어서……"라고 설명하시는 어머니 말씀에 주방을 보니, 토스터는 냉장고 위에 있었습니다. 톰이 건드릴 수 있는 자리에 둔 것은 아무것도 없었습니다. 싱크대 아래쪽 문은 톰이 열고 닫을 수 없도록 잠금 장치가 설치되어 있었습니다. 솔직히 말하자면 (죄송하지만) 사람이 살고 있는 집으로 보이지는 않았습니다. "커튼도 식탁도 뭐든지 다 톰이 씹어먹었어요"라는 어머니의 말도 호들갑은 아닐지 모릅니다.

아무튼 그 상태에서는 천천히 이야기를 나눌 수 있을 것 같지 않아서 톰을 가둬놓을 곳이 있는지 여쭤보니, 하우스는 사용하지 않는다고 했습니다. 그래서 "리드줄을 묶어둘 곳은 있나요?"라고 물어보니 톰을 묶어놓을 만큼 튼튼한 장소는 생각나지 않는다는 것이었습니다.

이런저런 대화를 하다 보니, 어머니는 역시 톰을 제대로 억누르지 못하고 톰이 저에게 달려들었습니다. 불의의 습격이라 미처 제대로 피하지 못한 제 얼굴에 톰의 앞발이 닿으면서, 제 눈 밑에 발톱 자국 두 줄이 생기고 말았습니다.

발톱 자국은 점점 더 빨개졌고, 저는 그 얼굴로 지하철을 타고 다음 견주 댁으로 향하게 되었습니다…….

그건 그렇다 치고, 톰의 견주 가족들은 그런 상태로 하루하루 어떻게 지내시는지 저는 의문에 빠졌습니다. 어머니 말씀으로는, 아버지가 계실 때는 전혀 '다른 개'가 되어서 계속 아버지 발밑에 엎드려 잔다는 것이었습니다! 상상을 할 수가 없었지만 그 장면을 관찰할 필요도 있으니, 그 날 상담은 일찍 끝내고 다음번에는 아버지도 참여하시도록 부탁했습니다.

그 후 다시 방문했을 때, 초인종을 눌러도 개가 짖는 소리는 들리지 않았습니다. 집 안에 들어가니, 거실에서 아버지가 톰의 리드줄을 잡고 있었습니다. 아버지는 키가 아주 크고 체격이 좋은 분이셨습니다. 톰은 아버지 발밑에 엎드려서 저를 힐끔 보긴 했지만, 금세 다시 아버지 쪽으로 시선을 돌렸습니다. 지난번에 그렇게 달려들고 싶어 했던 톰이라고 도저히 생각할 수가 없었습니다.

톰은 아버지를 존경하고 어머니와 따님을 얕잡아 보는 것일까요……? 그런 것이 아니라, 톰은 '아빠는 강해서 내가 벗어날 수 없지만, 엄마와 누나는 날 막을 수 없어'라고 학습한 것뿐입니다.

저는 넌지시 아버지께 물어봤습니다. "톰에게 체벌을 하면서 길들이셨나요?" 일 때문에 출장이 잦고 집을 비울 때가 많은 아버지는, 하루가 다르게 몸이 커지고 말썽꾸러기가 되어 가는 톰을 보고 걱정이 되었습니다. '가족에게 무슨 일이 있으면 안 돼!'라고 책임감을 느끼고 엄격하게 체벌로 톰을 길들이려고 했다는 것입니다.

어떻게 보면 그것은 성공해서, 아버지가 계실 때만은 확실하게 톰은 꿔다 놓은 보릿자루처럼 조용했습니다.

그렇지만 아버지 앞에서 숨죽이고 얌전히 있었던 부작용인지, 어머니와 따님만 집에 있으면 마치 괴물처럼 마구 날뛴다고 했습니다. 그리고 날뛰는 그 모습은, 비디오 촬영이라도 하지 않으면 아버지가 볼 수 없는 것입니다.

그렇다면 비디오를 촬영해 보는 것도 좋겠다는 생각이 들었지만, 어머니는 "아이 아빠가 그걸 보면 톰에게 가하는 체벌이 점점 더 심해질 거예요. 불쌍해서 그렇게는 못하겠어요"라고 말했습니다. 그 마음도 이해가 됩니다.

가족을 위해서라도 아버지의 체벌을 그만두시게 하고 싶었는데, 설득한 보람도 없이 아버지는 "아무래도 가족들이 걱정돼서 체벌은 안 할 수가 없어요"라고 의견을 굽히지 않으셨습니다. 아무리 말씀 드려도 체벌을 그만두시게 할 수는 없었습니다.

체벌이 계속 이어지면 '아빠 말에는 따르지만, 엄마와 누나 말에는 따르지 않을 거야. 따르지 않아도 괜찮아. 내가 하고 싶은 대로 할 수 있어', 톰은 계속 그렇게 학습하게 됩니다. 아버지가 집에 안 계실 때가 많으니만큼 더욱 더, 어머니와 따님의 힘에도 톰이 따르도록 해야만 하는데 그 점을 이해하시게 설득할 수가 없었습니다. 제 능력이 부족해서 안타깝습니다.

문제행동 원인을 알고, 아무리 적절하고 정확한 코칭을 해 드렸다고 해도 견주 본인이 그 내용에 공감하며 믿고 실시해 주시지 않으면 문제행동은

문제 행동 part 6

개선되지 않습니다. 견주와 프로 애견 훈련사의 공동작업을 통해 비로소 성공하는 것입니다.

톰, 행복하게 지내고 있니? 아빠를 설득하지 못해서 정말 미안해······.

문제행동 part 7

산책 고민

견주와 애견이 호흡을 딱딱 맞춰 즐겁게 산책하는 장면은
보는 사람도 흐뭇한 미소를 짓게 됩니다.
애견과 함께 즐겁게 걷기 위한 힌트를 소개합니다.

산책 고민

문제행동 part 7

땅바닥에 있는 것을 주워 먹어요.

『하나』의 사례
(비글/암컷/3살)

제가 생각하는 '이상적인 산책'은……. 개가 다소 사람을 끌어당겨도 견주가 "있잖아"라고 말을 걸면 개는 "왜~?"라고 뒤돌아보고, 견주가 멈춰 서서 기다려 달라고 부탁하면 개는 얌전히 기다려 주는, 서로에게 마음을 쓰면서 함께 걸어가는 그런 산책입니다.

산책을 할 때, 애견이 냄새와 소리, 풍경, 움직이는 것을 즐기면 좋겠습니다. 물론 위험이 없는 범위 내에서, 견주가 컨트롤할 수 있다는 조건 하에서요.

땅바닥에 있는 것을 주워 먹는 문제는, 개의 본능을 생각하면 자연스러운 일입니다. 야생 개들이라면 사냥감을 못 잡았을 때나 살짝 출출할(?) 때 먹을 만한 것(나무 열매나 벌레 등)이 떨어져 있으면 틀림없이 그것을 주워 먹을 것입니다. 오히려 먹을 만한 것이 떨어져 있는데도 전혀 흥미를 보이지 않는 것이, 개의 본래 모습을 생각하면 부자연스러운 것입니다.

 하지만 견주 입장에서는 땅에 떨어진 것을 먹지 않기를 바랍니다. 주워 먹는 버릇을 고치려면 먼저 '땅바닥에 있는 것은 주워먹을 수 없다'라고 학습시키는 것이 포인트입니다. 그리고 주워 먹지 않는 습관을 들이는 것도 중요합니다.

 산책 중에 주워 먹어서 난처하다는 견주는 매우 많은데, '주워 먹지 않는 것을 학습시켜야 한다'라고 이해하고 있는 분은 드물다는 느낌이 듭니다. '하나'의 견주도 그랬습니다.

 "땅바닥에 있는 것을 주워먹는 게 고쳐지지 않아서 난처해요"라고 상담을 요청한다는 것은, 지금까지 많이 주워먹었다는 뜻이겠지요. 어떤 것을 주워 먹은 경험이 있는지 물어보니, 이야기가 술술 나왔습니다(^^). 나뭇잎, 말라죽은 지렁이 사체, 담배, 뭔지 모를 열매, 먹다 남은 후라이드 치킨, 고양이 응가 등등…….

 다행히 지금까지 큰 탈이 난 적은 없다고 하니, 하나는 상당히 위장이 튼튼할지도 모릅니다. 그렇다고는 해도, 그만큼 많이 주워 먹었다는 것은 견주가 리드줄을 다루는 방법에 문제가 있을 것 같았습니다.

 개 입장에서 신경 쓰이는 것을 손에 넣으면 그것은 '성공보수'가 됩니다. 물론 이 성공보수는 개를 기쁘게 합니다. 기뻐할 일이 생기면 개는 그 행동을 반복하게 됩니다. 이렇게 학습을 하고, 게다가 반복까지 함으로써 습관으로 정착해 가는 것입니다.

 하나의 경우에는 지금까지 상당히 다양한 것들을 주워 먹으면서 꽤 좋은 경험(?)을 했으리라 생각합니다. 훈련을 시작하면, 견주가 "이제 절대로 주워 먹게 놔두지 않겠어!"라는 강한 의지를 가지는 것이 중요합니다. 멍하니

있다가 또 주워 먹게 되면 '노력하면 주워 먹을 수 있어!'라고 대단히 바람직하지 못한 학습이 되기 때문입니다.

구체적인 방법은, 먼저 리드줄을 짧게 잡습니다. 겨우겨우 목이 졸리지 않을 정도 길이로 단단히 움켜쥡니다. 리드줄을 잡은 팔이 앞이나 옆으로 나오거나, 오르락내리락하지 않도록 몸 옆에 최대한 고정합니다.

개가 고개를 숙이고 냄새를 맡으려고 하면, 견주는 걸음을 멈추고 리드줄을 살짝살짝 지면과 수직으로 위로 끌어올리며 개가 견주를 볼 때까지 이름을 부릅니다. 눈이 마주치면 간식을 줍니다.

이 과정을 반복하면 개는 '눈에 띄는 것이 있어서 냄새를 맡으려고 하면 주인님이 리드줄을 살짝살짝 당기고 간식을 준다'라고 학습합니다. 주워 먹으려고 했던 것보다 간식이 더 매력적이라면 주워 먹는 행위는 금세 그만두겠지요. 그러다 보면 이름을 부르지 않아도 '주인님이 리드줄을 살짝살짝 당기면 간식을 받아먹을 수 있다'라고 생각해서 틀림없이 견주의 얼굴을 보게 될 것입니다. '땅에 떨어진 것이 있으면 주인님이 리드줄을 살짝살짝 당겨 준다'라고 학습하면 리드줄을 당기지 않아도 견주의 얼굴을 쳐다보게 됩니다.

개가 고개를 숙이고 지면의 냄새를 맡으려고 하거나, 땅바닥에 있는 것을 주워먹으려고 할 때 "안 돼!" 등의 말을 할 필요는 없습니다. 어차피 안 된다고 말해도 주워 먹을 가능성이 있는 한 멈추지 않을 것이고, '주인님이 안 된다고 말해도 주워 먹을 수 있다'라는 학습만 될 뿐입니다. 소용없는 일에 에너지를 쓰지 말고, 그저 담담하게 목줄(또는 젠틀 리더)을 끌어올리면 되는 것입니다.

이것을 계속 반복해서 냄새를 맡으려고 하거나 땅바닥에 있는 것을 주워 먹으려고 하지 않게 되면 간식을 주는 것은 몇 번 성공했을 때마다 한 번씩만 주는 식으로 줄입니다. 간식을 주지 않을 때는 말로 칭찬해 주도록 합니다.

사람이 쓰다듬어 주는 것을 좋아하는 개라면 쓰다듬어 주는 것도 좋겠지요. 어느 정도 시간은 걸리겠지만 이윽고 간식은 필요가 없어집니다.
　최소한 1개월은 계속할 각오로 몰입해 주십시오.

　하나의 견주에게는, 그것과 병행하여 견주와 애견의 올바른 관계를 만드는 베이스 프로그램('개의 문제행동 처방전' 22쪽 참조)을 3주 동안 실시하시도록 했습니다.
　집 밖에서 훈련을 시작하자, 먹보인 하나는 금세 이름이 불리면 간식을 받아먹을 수 있다는 것을 이해했습니다. '땅바닥에 있는 것들보다 간식이 더 맛있어!'라는 듯이 이따금씩 제 얼굴을 올려다보게 되었습니다. 그야 당연히 그럴 수밖에 없지요. 말라 죽은 지렁이보다 치즈가 더 맛있을 것이고, 힘들게 찾아서 주워 먹지 않아도 사람 얼굴만 쳐다보면 치즈를 받아먹을 수 있으니까요.
　리드줄을 견주에게 넘기자, 하나는 평소대로 주워 먹으려고 했지만 역시나 금세 '내 이름을 불러 줄 때 주인님의 얼굴을 쳐다보면 치즈를 받아먹을 수 있어'라고 이해하고 기쁜 듯이 견주의 얼굴을 올려다보게 되었습니다.
　하나는 이 훈련이 마음에 들었는지, 주워 먹는 것을 그만둘 때까지 그리 긴 시간은 걸리지 않았습니다. 간식을 주는 것은 점점 줄이고, 그러다 보면 간식이 필요 없어질 거라고 생각합니다. 단, 비글이라는 견종은 냄새를 맡거나 주워 먹는 것을 특히 더 좋아하는 듯하니 가끔씩 간식을 주는 것이 좋을 수도 있습니다. 견주와 애견, 서로가 그게 더 안심이 되고 분명히 즐거운 산책이 되겠지요.

column

먹이를 바닥에 던져주면 안 된다?

"먹이를 바닥에 던져서 개에게 먹이면 집 밖에서 땅바닥에 있는 것을 주워 먹게 된다." 인터넷에 있는 정보 중에 그런 말이 적혀 있었는데 사실은 어떨까요? 라고 물어보신 견주가 계셨습니다.

바닥에 떨어진 먹이를 발견하면 개는 대체로 그것을 먹겠지요. 그것은 동물로서 당연한 행동일 것이고, 먹지 않는 것이 이상합니다. 바닥에 던져준 먹이를 주워 먹지 않도록 훈련했다고 해도 그것은 견주가 볼 때만 먹지 않는 것이고, 견주가 보지 않는 곳에서 바닥에 떨어진 먹이를 발견하면 틀림없이 먹을 것입니다. 먹이를 던져주고 먹게 했다고 해서, 그것이 원인이 되어 땅바닥에 있는 것을 주워 먹는 버릇이 생기지는 않는다는 것이 제 생각입니다. 주워 먹는 것은 개의 본능입니다.

또한 "산책길에서는 주워 먹으려고 하지 않는데 실내에서 바닥에 있는 것을 주워 먹어서 난처해요"라고 고민하시는 견주도 많이 계신 듯합니다. 그것은 '집 밖에서는 목에 리드줄을 매고 있어서 주워 먹을 수 없다'라는 것을 이해하니까 주워 먹으려고 하지 않는 것뿐입니다. 자유롭게 움직일 수 있는 실내에서 목을 컨트롤 당하지 않는다면, 바닥에 떨어진 먹이를 발견했을 때 먹으리라고 봅니다.

견주가 곁에 있을 때는 바닥에 떨어진 먹이를 봐도 절대로 먹지 않는다는 치와와가 있었습니다. 하지만 견주가 다른 방에 가면 먹는다고 합니다. 그것은 그다

지 특이한 일이 아닙니다.

"기다려" 지시를 내리면 견주가 그 자리를 떠나도 계속 안 먹고 기다리는 개도 있는 모양이지만, "기다려"라는 말이 없으면 주워 먹는 것은 아닐까요? "기다려"라고 지시를 내렸을 때는 그 뒤에 반드시 "좋아"라고 '기다려'를 해제하는 지시가 내려와야 먹을 수 있고, "기다려"→"좋아"→"간식"이라는 학습이 되어 있으니까 먹지 않고 기다리는 것입니다. 그러므로 견주가 집에서 나오면 ('기다려'를 해제하는 지시를 내려 줄 사람이 없어지면) 역시나 먹을 거라고 생각합니다.

훈련을 하면 기다릴 수 있는 개도 있을지 모르지만 그런 불쌍한 훈련은 별로 의미가 없다는 것이 제 생각입니다. 눈앞에 간식이 있다면 뭔가 이유가 없는 한, 먹을 수 있게 해 주시기 바랍니다.

같은 이유로, 밥을 주고 "기다려"를 상당히 오랫동안 시키는 견주가 계신데 그것도 별로 의미가 없다고 봅니다. 개 사회에서는 '아무도 손대지 않은 음식은 먼저 먹고 싶어도 참는다'라는 행위가 딱히 필요하지 않기 때문입니다.

아무리 그래도 실내에서 바닥에 떨어진 것을 주워 먹지 않게 하고 싶다면 매일 바닥을 깨끗이 청소하고, 되도록이면 먹을 수 있는 것을 바닥에 흘리거나 개가 건드릴 수 있는 자리에 두지 않도록 해야 합니다.

어질러져 있던 방을, 애견을 위해 깨끗이 정리하게 되었다는 것도 나쁘지 않은 일 아닐까요?

문제행동 part 8

다수 사육 문제

두 마리 이상의 개들과 함께 생활하는 경우에는
개들 사이의 관계를 좋게 해 주기 위한 노력도 필요합니다.
인간의 형제자매 관계와는 약간 다른 그 비결을 소개합니다.

사이좋은 남매 권유

『바비』와 『메이플』의 사례
(바비: 웰시 코기/수컷/1살,
메이플: 웰시 코기/암컷/1살)

'동배견'이란 같은 어미개가 한 번에 함께 낳은 개들을 뜻합니다. 예를 들어 강아지가 다섯 마리 태어난 경우에는, 사람으로 치면 다섯 쌍둥이라는 말이 됩니다. 이번에는 '바비'와 '메이플'이라는 동배견 두 마리가 갑자기 사이가 나빠졌다는 상담 요청을 받았습니다.

견주는 "둘이 같이 태어났으니까"라는 이유로 평등하게 대하고 애정을 나누어 주었다고 합니다. 확실히 인간 남매라면 그렇게 해야 되겠지요.

실제로 개들을 만나 보니, 바비는 명랑하고 사람을 잘 따르는 성격이었습니다. 매우 안정된 성품을 갖고 있어서, 처음 만난 사람을 무서워하는 기색도 없이 금세 저를 받아들여 주었습니다. 한편 메이플은 약간 떨어진 곳에서 저를 관찰하며 경계해서 좀처럼 제 곁에는 다가오지 않았습니다. 잠시 있으니 제 냄새를 맡는 정도는 할 수 있게 되었지만 쭈뼛쭈뼛하는 느낌이 들었습니다.

그런 인상으로 봐서, 그 두 마리가 평화롭게 지내기 위해서 순위를 정해 준다면 메이플이 위쪽이 되는 일은 있을 수 없겠다고 느꼈습니다.

생후 8개월이 지났을 무렵부터 실랑이 같은 싸움을 하게 되었고, 생후 1년이 넘어서부터 큰 싸움이 있었다고 합니다. 개는 이유 없는 싸움은 하지 않습니다. 원인을 찾기 위해 싸움이 일어나기 바로 전에 생긴 일부터 자세하게 들어 보기로 했습니다.

그러자, 마침 싸우기 시작한 그 무렵에 출장 애견 훈련사를 불러서 메이플만 집 근처 공원에서 오비디언스(※) 등의 훈련을 시작했다는 것이었습니다. 메이플만 훈련한 이유는 훈련은 핸들러(견주) 1인당 개 한 마리로 실시하는 것이라서 평일 낮에 개를 데리고 갈 수 있는 사람은 견주 부부 중 부인밖에 없었기 때문이었다고 합니다. 바비가 아닌 메이플을 데리고 가기로 한 것은 훈련사가 두 마리의 움직임을 보고 훈련하기 쉽겠다고 판단한 개가 메이플이었기 때문이라는 것이었습니다.

그리고 어느 날, 비극이 발생했습니다. 훈련을 받고 돌아와서 메이플의 발을 닦아 주고 실내에 풀어 놓았더니 메이플은 그대로 안방을 향해 자신 있게 달려갔습니다. 그러자 "깨갱—!"하고 지금까지 들어본 적이 없는 메이플의 비명이 들려왔다고 합니다. 견주가 다급히 달려가 보니, 메이플이 배를 내놓고 드러누워 떨면서 대소변을 지리고 있었다고 합니다. 바비는 그 옆에서 전에 없이 흥분한 모습으로 메이플을 보고 있었습니다.

메이플이 평소에 훈련을 받고 돌아왔을 때 두 마리의 모습이 어땠는지 여쭤보니, 훈련을 다녀온 메이플은 매번 흥분해 있었다고 합니다. 의기양양하

※ obedience, 복종훈련. 각측보행(개가 사람의 다리 옆에 붙어서 속도를 맞춰 걷는 것)과 정좌(앉아), 복와(엎드려) 등의 훈련항목이 있으며, 경기 대회도 열립니다.

게 한참 동안 거실을 뛰어다니고, 그 모습을 보는 바비가 찌릿찌릿하게 신경이 날카로워진 느낌은 들었다고 합니다.

역시 바비도 같이 가고 싶었던 거라는 생각이 듭니다. 탐구심이 왕성한 나이, 게다가 수컷의 본능 때문에라도, 바깥 냄새를 잔뜩 묻히고 자랑스럽게 돌아온 메이플에게 신경이 곤두선 것은 당연하다고 생각합니다. 그리고 쌓였던 스트레스가 폭발한 것입니다.

그리고 실제로 싸움을 해 보니, 바비가 더 강하다는 것을 알게 된 것입니다. 메이플은 대소변을 지리고 말았지만 다친 곳은 전혀 없었습니다. 개들 사이의 싸움은 개들끼리 결판을 내고 싶을 때 일어나는 법입니다.

그래서 저는 견주에게 개들과 올바른 관계를 만들기 위한 베이스 프로그램('개의 문제행동 처방전' 22쪽 참조)을 실시하시도록 하고, 일상생활의 아무렇지도 않은 상황들부터 바비를 의식적으로 우선시하실 것을 코칭했습니다. 과격한 싸움이 벌어진 경우, 형제자매 사이에 순서를 정하는 것은 불쌍한 게 아닙니다. 오히려 메이플을 보호하기 위해서는 그렇게 할 필요가 있는 것입니다. 그리고 메이플이 바비에게 양보하는 습관을 들이는 것도 중요합니다.

견주는 평소에는 메이플이 바비보다 강하다고 생각했다는데, 겁이 많고 경계심이 강해서 방어적인 공격행동이 나타난 것이 강해 보였던 것이겠지요. 제가 본 결과로는 바비와 메이플 중에서는 명백하게 바비가 침착해서 '오빠' 자리에 어울렸고, 만약 메이플에게 "네가 누나가 되렴"이라고 한다면 메이플이 감당하기엔 너무 무거운 짐이라는 생각이 들었습니다.

이처럼 서열을 정해 주면 만약 다툼이 있어도 메이플이 "그래, 그래. 알았어, 오빠"라고 사과해 주면 그걸로 끝납니다.

그러기 위해서 '동생의 위치'라는 것을 메이플에게 가르쳐 주는 것입니다.

그것은 소위 말하는 상하관계와는 다릅니다. 어디까지나 형제자매의 순서입니다. 형제는 큰 아이를 우선으로 하는 일이 있어도, 그렇다고 해서 작은 아이를 학대하는 것은 아니잖아요? 그것과 같은 감각입니다.

다만, 한 가지 다른 것은 개들의 형제자매 순서에는 "네가 형(언니)이니까 참아!", 또는 "언니(형)니까 동생을 괴롭히면 안 돼요!"라는 논리는 존재하지 않습니다. 그렇게 하면 개들이 혼란스러워지므로 무조건 손아래가 양보하도록 하는 것이 중요합니다. 형제자매 순서를 의식하지 않아도 평화로운 무리는 많이 있지만, 만약 무리 안에서 싸움이 벌어진다면 순위를 신경 써 보시는 건 어떨까요?

바비와 메이플의 견주는 말을 걸고, 밥을 주고, 산책하는 순서 등 일상생활 속의 사소한 상황마다 바비를 우선으로 하게 되었습니다. 그러자 두 마리의 관계는 아주 좋아졌다고 합니다.

바비는 점점 안정되어 믿음직해졌고, 신경질적이었던 메이플도 침착해지기 시작했다고 합니다. 가끔씩 다툼도 있는 모양이지만 이제는 오히려 여러 가지 상황에서 바비가 메이플에게 양보해 주는 일도 늘었다고 합니다.

'의지할 수 있는 존재가 있다', '나를 지켜주는 존재가 있다'라고 실감한다는 것은 행복한 일이라는 생각이 듭니다. 사람도, 개도 말이지요.

다수 사육 문제

문제행동 part **8**

문제행동 part 9

일단 무조건 무서워해요

자기 가족 이외의 사람이나 개를 무서워한다는 개는 드물지 않습니다.
무슨 수를 써서라도 공포를 극복시키는 것이 좋을지,
아니면 공포의 대상과 점점 친해지도록 해야 할지······.
개와 견주의 '행복의 형태'를 찾아봅시다.

가족 이외의 사람을
모두 무서워해요

『해피』의 사례
(치와와/암컷/2살)

　견주는 '해피'가 친구를 사귀지 못하는 것을 걱정하고 있었습니다. 해피는 몹시 겁이 많았습니다. 제가 견주 댁을 방문했을 때도 커다란 울타리 안에서 필사적으로 저에게 짖어댔습니다. 제가 울타리 안을 힐끔 들여다보자, "꺄악—!"하고 마치 비명 같은 소리를 지르며 짖었습니다. 조금이라도 다가가려 하면 울부짖으며 울타리 안에서 도망을 다니다가 뛰쳐나올 기세였습니다. 그렇다고 문을 열어줘도 겁이 나서 나오지는 못했지만요…….

　표정은 어땠는가 하면 눈을 까뒤집고 꽤나 무서운지 콧물까지 흘리고 있었습니다. 아주 좋아한다는 간식을 던져 줘도 먹지 않았습니다. 그 정도로 겁이 많은 개를 본 것은 오랜만이었는데, 손님이 오면 매번 이런 식이라고 했습니다. 몇 번이나 놀러온 견주 친구 분도 아직 전혀 친해지지 못했다는 군요. 견주 말씀으로는 함께 살고 있는 사람 이외에는 마주 대하지 못하는 듯했습니다.

그렇게 '겨우겨우 버티는' 식이니, 손님이 다녀가면 해피는 녹초가 되어 쓰러지듯 잠든다고 합니다.

그런 겁쟁이 아가씨라서, 애견 운동장에 데려간 날에는 다른 개와 눈이 마주쳤다, 너무 가깝다!!라는 식으로 깨갱깨갱 소란을 피우고 견주가 앉은 벤치 밑에 틀어박혀 나오지 않았습니다. "같이 놀자!"라고 데리러 와 준 개들에게는 짖어 대서 쫓아내고 만다고 합니다.

애견 카페에서도 외출용 이동가방에서 나오게 한 순간에 마구 짖어대고, 사람이나 개가 다가오면 난리가 났다고 합니다. 다른 손님들과 개들에게 미안해서, 그 뒤로 애견 카페에 데려가도 이동가방에서 나오게 하지 않는다는 것이었습니다. 애견 운동장도 애견 카페도 해피에게는 전혀 해피한 장소가 아닌 모양이었습니다. 그래도 열심히 노력해서 친구를 꼭 사귀어야 할 필요가 있을까요……?

해피는 이미 2살입니다. 이제부터 새로운 친구들에게 적응시키기에는 너무 많이 성장했습니다. 원래 겁이 많아서 가족 이외의 사람이 있을 때는 집에서 간식도 못 먹을 정도로 긴장한다면, 저는 억지로 친구를 만들어 줄 필요는 없다고 생각합니다.

다른 사례지만 애견 운동장에 처음으로 갔을 때, 다른 개에게 쫓겨 다니는 경험을 한 개가 있습니다. 견주는 이것도 사회 경험이라고 생각해서 전혀 도와주지 않고 있었는데, 그 뒤로 산책길에서 마주치는 개들에게 짖어대게 되었습니다. 그 개의 입장에서는 애견 운동장에서 쫓긴 경험은 상당히 무서웠겠지요. '다른 개가 쫓아와서 무서워 죽겠는데, 그럴 때 주인님은 나를 구해

주지 않았다'라고 학습했을 가능성이 있습니다. 그래서 자기가 먼저 공격해서 다른 개를 쫓아내려고 하는 것일지도 모릅니다.

과잉보호를 하고 다른 개와 접촉할 때마다 도와주는 것도 좋지 않지만 너무 도와주지 않는 것도 좋지 않다는 것을 깨달은 계기가 된 사례였습니다.

원래 겁이 많아서 어린 강아지 시절에 다른 개들과 어울리는 사회화를 제대로 시켜주지 못하고 어른 개가 된 경우, 무리하게 친구를 만들어 줄 필요는 없다는 것이 제 생각입니다.

견주와 함께 있는 것만으로도 충분히 행복하게 지내는 개는 많이 있습니다. 물론 다른 개와 사이좋게 지낼 수 있고 애견 운동장에서 즐겁게 뛰어다닐 수 있는 개들에게는 친구를 만들어 줘도 좋다는 생각이 들지만 해피만큼 겁이 많은 개는 애견 운동장에 데리고 가는 것 자체가 상당히 부담이 됩니다.

저는 견주에게 "벌써 만으로 두 살이나 되었고, 해피에게 그 정도로 부담을 주면서까지 친구를 사귀게 해줄 필요는 없지 않을까요?"라고 말씀 드렸습니다. 그러자 견주는 "사실은 저도 애견 운동장에 꼭 가야 된다고 생각하지는 않아요. 하지만 요전에 회사에서 개를 기르는 동료가, 애견 운동장에 데리고 가지 않는다니 불쌍하다고 해서……. 인터넷 게시판 같은 곳에서도 친구가 없는 개는 불쌍하다고 나와 있고……"라고 하시는 것이었습니다.

지금까지 제가 실제로 본 사람과 개 콤비, 그리고 사람과 개들의 무리는 인터넷에 있는 정보와 차이가 있습니다. 제 애견 '훌라'는 다른 집(다른 무리)의 개들과 전혀 접촉하려고 하지 않지만('개의 문제행동 처방전' 170쪽 '친구를 못 사귀어요!' 참조), 그렇다고 해서 불쌍한 개로 보이지는 않습니다. 저와 개들이 좋아하는 제 친구(몸종? ^^)와 함께 놀거나 '고타로'가 훌라를 핥아주고 보살펴 주는 모습은 충분히 견생(犬生)을 즐기고 있는 듯해 보입니다.

저는 견주에게, 해피가 무서워하는 모습으로 판단하자면 자기가 속한 무리(가족) 이외의 친구를 억지로 만들어 주는 것은 대단히 심한 스트레스가 된다는 것, 견주만 곁에 있어 줘도 충분히 행복을 느끼리라는 것을 이야기했습니다.

견주의 남편 분은 그 말을 듣고 "그거 봐. 그래서 내가 말했잖아. 해피는 우리가 있으면 충분하다고"라고 기쁜 듯이 말했습니다.

그렇게 해서 '사람 두 명, 개 한 마리의 해피 라이프를 기분 좋게 즐기자!'라는 결론이 나오자마자, 견주가 "사정이 있어서 어린 토이 푸들 수컷 강아지를 맡게 되었습니다. 도와주세요!"라고 연락을 하셨습니다.

제가 만나러 가보니 해피는 변함없이 저를 심하게 무서워하고 짖어댔습니다. 그러나 이번에는 문을 열어 주자 웬일로 순순히 나왔습니다! 전에는 다가올 수조차 없었던 제 곁에도 제법 잘 오게 되었는데, 그 모습은 예전과 비교하면 다소 공격적이 되어 있었습니다. 아마도 어린 강아지를 지켜 주려는 본능이 작용하지 않았을까 합니다. 무리의 멤버가 증가했을 때 자주 볼 수 있는 현상입니다. 방문자(침입자)에게 짖고, 사물의 소리 등을 경계하며 짖는 것이 심해지는 일도 있습니다. 전에는 그저 무서워하기만 했는데 이번에는 저를 강아지에게 접근하지 못하게 하는 것처럼 보이기도 했습니다.

누나 개(해피)가 그렇게 지켜주는 동생 개는……. 이쪽은 만면에 미소(처럼 보이는 표정)를 띄우고 저에게 달려들어 인사를 하려고 했습니다. 누나의 마음도 몰라주는 동생은 해피와 완전히 대조적인 성격으로, 무슨 일이 있어도 동요하지 않을 것 같은 활기차고 명랑한 강아지였습니다.

동생 개가 뛰어다니자 해피는 짖어댔지만, 동생 개는 놀라지도 않고 눈치 없이 앞발을 허공에 휘저으며 해피에게 함께 놀자고 신호를 보내는 여유도

보여줬습니다. 하지만 해피는 '어떻게 해야 될지 모르는' 모습이었습니다.

아직 서로 친해 보이지는 않았지만, 자기들 나름대로 잘 지내고 있는 듯 했습니다. 해피는 동생 개에게 짖어대긴 해도 동생 개가 다친 적은 없다는 것이었습니다. 그렇다면 괜찮아요! 그대로 무사히 두 마리가 한 무리를 형성할 것입니다.

저는 인사 대신으로 동생 개에게 고구마 간식을 주려고 했는데, 웬일로 해피도 저에게 다가왔습니다. 그것은 '무리'의 효과인데, 지난번에는 제가 준 간식을 먹지 않았지만 이번에는 동생 개가 먹는 것을 보고 자기도 먹고 싶다고 생각한 것이겠지요. 아무 일도 없이 무사히 간식을 받아먹는 동생 개의 모습이 해피의 공포심을 완화한 것일지도 모릅니다. 해피가 자기 스스로 저에게 다가온 것은 이 때가 처음이었습니다.

가능하면 해피에게 겁을 주지 않도록 간식을 손가락 끝으로 집어서 어깨부터 손끝까지 힘을 빼고, 눈을 맞추지 않으면서 최대한 조용하게 내밀어 보았습니다. 해피는 아슬아슬한 한계까지 엄청난 박력으로 짖었지만, 왠지 간식을 먹을 때는 제 손을 물지 않도록 능숙하게 앞으로 고구마만 자기 입에 넣었습니다. 그리고 금세 저에게서 튀어나가듯이 멀어져 다시 으르렁거리기 시작했습니다. 하지만 다시 고구마를 내밀자, 또 천천히 다가오는 것이었습니다.

간식을 먹을 수 있다면 그것을 반복하여 연습함으로써 해피는 '손님은 간식을 준다'라고 학습하고, 먹고 싶다는 마음이 무서운 마음을 초월할 수도 있습니다.

그렇게 되면 '짖기보다는 먹자!'라는 생각을 갖게 되어, 그렇게 격렬하고 끈질기게 짖는 일도 없어지겠지요. 물론, 손님을 '좋아하게' 될 때까지는 상당히 시간이 걸릴 것이고 어쩌면 그런 날은 오지 않을 수도 있지만, '손님이 있어도 괜찮겠지?' 정도는 될 수 있을 것 같습니다.

 그 후, 견주의 블로그를 꼼꼼히 읽어봤는데 해피는 이제 자기 나름대로 행복하게 지내는 모양입니다. 사랑하는 주인님 부부와 밝고 활기찬 동생 개라는 네 마리(?) 무리 안에서…….

일단 무조건 무서워해요

문제행동 part 9

column

애견 문화를 지키는 매너

　개를 기르는 사람이 많아지는 것은 개를 좋아하는 저에게는 기쁜 일입니다. 그러나 사회에서 개들의 모습이 많아질수록 예의 없는 견주가 눈에 띄는 것은 아무래도 기쁘지 않습니다.
　'개는 집 지키는 동물'이라고 하던 시대가 지나가고 '개는 가족의 일원'이라고 생각하는 사람이 많아진 현재에는 '가능하면 어디든지 함께 가고 싶다'라고 생각하는 마음은 이해가 됩니다. 하지만 실제로는 주위 사람들이 불쾌하게 느끼거나 문제가 생기는 것도 사실이라서 대단히 유감스럽게 생각합니다.
　제가 개를 기르는 주인으로서 명심하고 있는 것은 '개를 기르지 않는 사람과 개를 무서워하는 사람에게 불쾌한 기억을 남기지 않는 것'입니다. 그렇게 함으로써 개를 기르는 것을 한층 더 많은 분들이 이해해 주시기를 원하기 때문입니다. 개를 무서워하는 사람이 봐도 저와 애견의 관계를 '멋지구나'라고 생각해 주시면 좋겠다고 바랍니다.

　길들이기 코칭을 하는 입장에서 견주들께는 아래 두 가지를 지켜 주시는 것이 '개를 기르는 주인이 책임져야만 될 중요한 일'이라고 말씀 드리고 있습니다.
① 타인에게 불편을 끼치지 않을 것
② 개를 위험에 빠지게 하지 않을 것

그렇게 하기 위해서 개를 길들일 필요가 있다는 것이 제 생각입니다.

제가 일본 수도권(주로 도쿄, 가나가와, 이따금 사이타마, 치바)에서 개의 문제행동 개선을 도와드리는 일을 하면서 다루어 온 고민들 중 1위가 '짖기'에 관한 것입니다. 교외에서는 그다지 문제가 되지 않지만 공동주택이나 도시의 단독주택에서 개가 짖는 소리는 이웃에게 피해를 끼칩니다.

그러므로 짖지 않도록 길들일 필요가 있고, 저희가 대처 방법을 코칭해서 실제로 개가 짖는 것을 컨트롤하는 사례도 증가하는 것입니다.

이처럼 사회에 피해를 끼치지 않도록 개 길들이기에 심혈을 기울이는 것은 중요한 일이지만, 그러려면 견주의 의식을 개선하는 것도 빼놓을 수 없습니다. 매너에 대한 견주의 이해도가 낮으면 그 견주의 애견은 주위에 피해를 끼치게 되어 환영 받지 못하고, 자칫하면 '개는 모두 나쁜 것'이라는 시선을 받게 될 위험성도 있습니다.

개를 데리고 갈 수 있는 카페의 종류는 '애견 환영!'이라는 애견 카페와 '애견 동반 가능'이라는 일반 카페가 있는 듯합니다. 애견 카페는 말 그대로 개와 견주를 위한 카페라서 애견용 메뉴도 있고 애견용품도 판매하며, 가게에서 기르는

일단 무조건 무서워해요

문제행동 part 9

개도 있습니다. 애견 출입이 가능한 일반 카페는 '다른 손님들께 불편을 끼치지 않는다면 동반하셔도 괜찮습니다'라는 방침을 갖고 있습니다. 길들이기 수준은 후자에서 필요한 것이 더 높다는 느낌이 듭니다.

   저는 개를 좋아하지만 애견을 제대로 컨트롤하지 못하는 견주를 보면 속이 상합니다. 예를 들어 카페의 경우, 큰 소리로 계속 짖거나 앞발을 테이블에 걸치게 놔두는 것을 보면 역시나 불쾌하기도 하고, 그 개의 견주에게 화가 납니다. 그 중에는 "불쌍하니까(?) 리드줄을 풀어 주세요"라고 권유하는 카페도 있는 모양인데, 유감스럽게도 물고 물리는 사고가 일어났다고 합니다.

   제 개인적인 의견이지만 제가 저희 집 개들과 함께 카페에 갔을 때 개가 제 곁에서 떨어져 리드줄 없이 어디론가 휘청휘청 가 버린다고 생각하면 불안합니다. 무슨 사고라도 치면 죄송하니까 차분히 식사를 할 수가 없습니다. 반대로 제 개들이 있는 곳에 리드줄 없는 개가 어슬렁어슬렁 다가오는 것도 불안하고 불쾌합니다.

   카페 예절 중에서 견주가 놓치기 쉬운 (또한 착각하기 쉬운) 것이, '화장실 패드 위에서 배설'입니다. 견주 입장에서 보면 '패드 위에서 배설하면 기특하잖아!'라고 생각할 수도 있지만, 식사를 하는 장소에서 개가 배설하는 모습을 보고도 아무렇지도 않은 것은 특수한 감각이라고 이해해야만 되겠지요. 냄새도 피해를 끼칩니다. 잡지 편집 일을 하시는 분이 알려 주신 잡지사진 촬영 뒷이야기인데, 카레를 먹고 있는 사람의 옆자리에서 개가 패드 위에 무른 응가를 하는 것을 봤다고 합니다.

또 깜박 잊고 실수하기 쉬운 것이 대화 내용입니다. 개를 기르는 사람은 의외로 아무렇지도 않게 배변 이야기나 개의 생식기 이야기 등을 할 때가 많은데, 그것은 개를 기르지 않는 사람에게는 매우 불쾌한 화제입니다. 특히, 식사를 하는 곳에서는 금기입니다. 실제로 그런 견주들의 옆 테이블에 있던 사람이 화를 내며 항의한 일도 있었다는데 너무나 부끄러운 일입니다.

견주이기 이전에 사람으로 부끄럽지 않게 행동하고 싶네요.

매너를 개선하여 개에게 흥미가 없는, 또는 개를 무서워하는 사람이 봐도 '개를 기른다는 건 좋구나'라고 생각할 수 있는 애견 카페와 애견 동반 가능 카페가 더 많아져서 멋진 애견 카페 문화가 자라나기만을 바랍니다.

리드줄 없이 개들끼리 접촉하는 곳으로 애견 운동장이 손꼽히는데, 애견 운동장 매너도 아주 중요합니다. 먼저 반드시 견주에게 부탁드리고 싶은 것은 애견에게서 절대로 눈을 떼지 않는 것입니다. 이것을 게을리 했기 때문에 유감스럽

일단 무조건 무서워해요

문제행동 part 9

게도 물고 물리는 사고가 발생합니다. 원래는 즐기기 위한 장소인데 개가 목숨을 잃는 최악의 경우도 있다고 하니, 안타까움을 금할 길이 없습니다.

그런 사고를 예방하기 위해서라도 애견 운동장에 애견을 데리고 가는 것은 '불렀을 때 되돌아오도록 길들인 후'로 하시라고 강력히 당부 드리고 싶습니다. 다른 개에게 끈질기게 쫓기거나, 반대로 자기 개가 다른 개들을 끈질기게 쫓아다닐 때, 불러서 견주 곁으로 돌아오게 할 수 있다면 문제를 미연에 방지할 수도 있는 것입니다.

길거리에서 마음에 걸리는 것은 리드줄의 길이입니다. 저는 개를 좋아하기 때문에 마주보고 엇갈려 지나갈 때 개가 제 곁에 와서 스치고 갈 정도로 리드줄을 길게 잡은 견주와 개에게 혐오감을 느끼지는 않습니다. 단, 개를 좋아하지 않거나 무서워하는 사람이라면 불쾌하겠다는 느낌이 드는 경우가 자주 있습니다.

사람을 무는 개를 훈련할 때도, 같은 경험을 할 때가 있습니다. 문다는 것을 알고 있는데도 견주가 리드줄을 다루는 것이 애매해서 겁이 나는 것입니다. 피하지 않으면 물리겠다 싶은 위치까지 달려들게 하기 때문에, 상당히 무서운 경험을 합니다. 그렇기 때문에 더 타인을 물게 만들고, 레슨을 신청하게 되는 것일지도 모르지만요…….

176

타인이 불쾌감을 느끼지 않도록 리드줄을 짧게 잡고, 개의 움직임을 컨트롤 하는 것이 중요합니다. 그리고 리드줄에만 의지하지 말고 개의 움직임을 지시로 컨트롤할 수 있을 정도까지 길들여 두시기를 바랍니다. 집 밖에서 애견과의 관계는 그래야만 한다고 생각합니다.

  스마트한 모습이라면 도심지 한복판에서 산책하는 견주와 애견의 모습을 자주 목격하게 되었습니다. 잘 꾸며진 장소에서는 애견이 배설힐 자리를 찾는 깃도 한참 고생하는 경우가 있다고 합니다. 응가라면 그래도 주워서 집에 가져가 처리할 수 있지만, 쉬야는 그렇게 할 수도 없습니다. 물로 씻어낸 다음에 소독액 스프레이를 뿌리는 방법을 많이 쓰시는 듯한데, 그래도 개가 쉬야를 했다는 생각이 드는 흔적을 보는 것은 개를 좋아하는 사람도 복잡한 심정이 될 때가 있습니다.

  이제부터는 스마트한 견주로서 밖에서도 화장실 패드 위에서 배설할 수 있도록 애견을 훈련하는 것도 생각해 보시는 게 어떨까 합니다. 그렇게 훈련할 수 없는 경우에는 기저귀를 착용시키는 등의 의식개혁이 필요한 시대일지도 모릅니다.

  또한 개의 응가를 주워서 가져갈 때도 주의가 필요합니다! 냄새를 퍼뜨려서 불편을 끼치는 일이 없도록 소취 효과가 있고 밀폐할 수 있는 주머니 등을 부디 활

용하셔서 스마트한 견주와 애견의 모습을 염두에 두도록 합시다.

또 최근에는 애견용 유모차 이용도 늘었습니다. 지하철 등에서 사람 아기를 태운 유모차 매너가 문제가 되는 경우가 있는데, 문제를 일으킨 유모차에 탄 것이 개라면 더 큰 일이 될 것입니다. 개를 기르지 않는 친구들에게 개를 유모차에 태우는 이야기를 하면 대체로 놀랍니다. 특히 엘리베이터를 이용할 때는 주의가 필요합니다. 개는 소중한 가족의 일원이지만 사람 아기를 태운 유모차를 우선으로 하는 것은 사람으로서 자연스러운 일이라고 생각합니다.

사람 유모차가 많아서 개를 유모차에 태운 견주가 좀처럼 엘리베이터에 탈 수 없을 때, 만약 유모차를 갖고 나온 아기 어머니가 "먼저 타세요"라고 말씀해 주신다면 그것은 훌륭하고 멋진 제안입니다. 하지만 그 마음은 기쁘게 받아도 역시나 제 개인적인 생각으로는 사람 아기에게 양보하고 싶습니다(저는 애견용 유모차는 없지만요).

예절을 지키는 것은 애견 문화를 지키는 것, 나아가서는 자기 자신과 애견의 생활을 지키는 결과로 이어지기도 합니다. 중요한 것은 사회에 대한 배려입니다. 그것은 사람과 개의 문제에만 한정된 것은 아니겠지요.

※ 취재협조: 아사이 가요코(NPO법인 일본 도그 매너 협회) http://dogmanner.org/ (일본어)

문제행동 part 10

짖기

제가 만나는 견주들이 가장 많이 상담하시는 것은 역시 '짖기'에 관한 문제입니다.
구체적인 대처방법과 제 생각을
한 걸음 더 나아가서 소개합니다.

체벌로 개선되지 않은
'초인종 짖기'

『록』과 『고타로』의 사례
(록: 미니어처 슈나우저/수컷/4살,
고타로: 미니어처 슈나우저/수컷/2살 반)

    저희 집에서 첫 개 '록' 한 마리만 길렀을 때는 배달하러 오신 분에게 짖는 일은 거의 없었습니다. 그렇지만 '고타로'를 데려온 뒤로 록이 짖게 되었고, 그것은 점점 더 심해져 갔습니다. 무리의 멤버가 늘어나면 짖는 것이 심해지는 사례가 많은 듯합니다.

    참고삼아서 저희 집 개들 무리가 짖는 것에 대해 설명하겠습니다. 처음에 록과 고타로, 이렇게 두 마리였을 때는 경계심이 강한 록이 '짖는 역할'을 맡고 있었습니다. 그 후, '액셀'을 데려온 뒤에는 록보다 신경질적인 액셀이 더 빨리 집 밖의 소리에 대처하게 되어, 록은 액셀에게 완전히 그 역할을 맡기게(?) 되었습니다. 액셀이 짖기 시작하면 "그래? 어디 나도 좀 보자!"라는 느낌으로 뒤늦게 참가하는 것이었습니다. 고타로는 함께 짖기에 참가할 생각은 전혀 없는 듯했습니다.

성격도 무던해서 화를 내고 짖어도 화가 난 것처럼 보이지 않는, 어떻게 보면 집 지키는 개로 일하기에는 부족한 타입(^^)이라고 할 수 있겠지요.

그 후, 암컷 '훌라'를 데려왔습니다. 출산 후에 현관 초인종 소리와 배달하러 오신 분, 손님 등에게 재빨리 반응하여 끈질기게 짖어대는 것은 훌라가 되었습니다. 출산을 경험하면 짖게 되는 경우가 있는데 바로 저희 집의 훌라가 그렇습니다. 훌라의 아들인 '아틀라스'는 남의 비위를 잘 맞추고 소심하게 눈치를 봐서 짖는 역할은 형들과 엄마에게 맡겼는지 거의 짖지 않습니다. 어쩌다 한 번씩 함께 짖을 때 참가하는가 보다 싶은 정도입니다.

아직 록과 고타로밖에 없었을 때, 저는 가정견 훈련소에 근무해서 개가 짖는 것은 '음성강화(사람이 원하지 않는 행동을 개가 하면 개가 싫어하는 자극을 줘서 그 행동을 그치게 하는 방법. 체벌을 가하는 등)'로 멈추게 할 수 있다고 믿고 있었습니다. '받아들이자', '잘 도와주자'라는 발상은 아직 전혀 해 본 적이 없었고, 힘으로 막는 것밖에 생각하지 않은 것입니다.

그래서 "시끄러워!"라고 큰 소리로 호통을 치기도 하고, 머리나 엉덩이, 턱 밑을 때리기도 하고, '스크러프 앤드 쉐이크(scruff and shake)'라는 목을 잡고 흔들면서 혼내는 방법을 쓴 적도 있습니다. 무턱대고 여러 가지 벌을 주었는데 짖는 것을 그치게 할 수는 없었습니다. 그치게 하기는커녕 록은 제가 목을 잡고 흔들어도 대롱대롱 매달린 상태로 오히려 더 으르렁거리는 것이었습니다. 그것은 전혀 학습이 되지 않았다는 증거입니다. 결국 갖가지 방법은 다 써 봤지만 짖는 것을 완전히 그치게 하지는 못했습니다.

그들이 짖는 것에 관해서는 반쯤 포기한 채, 훈련소를 그만둔 저는 호주로

짖기

문제행동 part 10

건너가서 '도그 테크 인터내셔널'을 만나 '도그 트레이너스 아카데미'에서 연수를 받게 되었습니다.

제가 일본에서 훈련소에 근무했던 것을 이메일로 알리자 "당신의 경험은 대단히 존경하지만, 부디 모든 것을 잊고 새하얀 노트에 새로운 1페이지를 쓰는 마음으로 시드니에 와 주십시오"라는 답장이 왔습니다.

그래서 저는 체벌을 이용하는 것이 아니라 개라는 동물의 습성을 이용해서 잘 칭찬해 주거나 간식을 주면서 문제행동을 개선한다는 새로운 방법을 알게 되었습니다. 말 그대로 장님이 눈을 뜬 격입니다!

시드니에 있으면서 관광을 다닌 것은 단 하루뿐이었던 혹독한 연수를 무척 즐겁고 뿌듯한 마음으로 마치고, 그 방법을 빨리 실행하고 싶어서 설레는 마음으로 일본에 귀국했습니다. 첫 고객은 제 자신, 상담 내용은 초인종 소리와 택배 기사님에게 짖어 대서 힘들게 하는 슈나우저 형제 두 마리였습니다(⌒;;;).

우선 저는 애견 두 마리와 올바른 관계를 만들기 위해 직접 베이스 프로그램에 몰두했습니다. 베이스 프로그램에는 '개가 먼저 요구하면 쓰다듬어 주지 않고 안아 주지 않는다'라는 규칙이 있습니다. '안아 주지 않는다'는 금세 잘 되었지만, '쓰다듬지 않는다'는 어려워서 아무래도 늘 하던 버릇대로 쓰다듬게 되고 말았습니다. 무의식적으로 손을 뻗은 후에야 '아, 쓰다듬었다!?'라고 깨닫는 일이 계속 이어져서 완전히 제대로 베이스 프로그램을 시작할 때까지 부끄럽지만 4~5일 걸리고 말았습니다. 그 때까지 얼마나 쉽게 개들의 요구에 응해 주었는지 알 수 있었습니다.

베이스 프로그램을 실시하면서 동시에 "앉아", "엎드려", "기다려" 훈련도 시작했습니다. 이제 와서 새삼스레 할 필요가 있겠냐는 느낌도 들었지만, 훈련소에 근무했을 때는 그곳의 개들에게 하루 종일 힘든 훈련을 하고 귀가하는 나날을 보내느라 집에서는 훈련할 마음이 생기지 않은 것이었습니다.

훈련소에 있던 개들은 선배의 지도 때문에 쓰다듬거나 귀여워할 수 없었지만, 저희 집의 슈나(역주: '슈나우저'의 애칭)들은 마음대로 만질 수 있고 귀여워서 어쩔 줄 모르다 보니 딱히 뭘 가르칠 생각이 들지 않았습니다. 다만, 어떤 행동을 하면 안 된다는 것은 가르쳐 두었고, 그들은 충분히 눈치가 빨라서 자기들 스스로 혼날 일은 하지 않았습니다. 배달하러 오신 분들과 손님들에게 짖는 것 외에는…….

막상 훈련을 시작해 보니, 록이 너무나도 고집스럽게 '엎드려'를 하지 않아서 놀랐습니다. 훈련소에 근무하던 시절이었으면 엎드리지 않으면 억지로 등을 누르거나 목줄에 리드줄을 달아서 리드줄을 밟고 고개를 숙이게 하는 식으로 심한 방법을 사용했을지도 모릅니다.

시드니에서 배운 방법은 간식으로 유도해서 개 '스스로' 배를 바닥에 붙이게(엎드리게) 한다는 것이었습니다. 간식을 움켜쥔 주먹을 록의 코앞에 내밀고 엎드리게 하려고 밑으로 유도했는데 록은 고개만 숙이고 고민하고 있었습니다. 아무래도 배를 바닥에 붙이기는 싫은 모양이었습니다. 저는 어떻게든 록이 자기 스스로 엎드리기를 원했기 때문에 베이스 프로그램을 실시하면서 며칠 동안이나 계속한 결과, 어느 날 드디어 록이 배를 바닥에 착 붙였습니다. 몹시 기뻐서 확실하게 칭찬하고 간식을 주었습니다. 그 때부터는 록이 자신 있게 엎드려 주게 되었습니다. 그 때 저와 록은 새로운 관계를 향해 한 발 나아갈 수 있었다는 생각이 듭니다.

간신히 '애견이 "엎드려"를 해 주는 견주'가 된 저는 가장 큰 고민이었던 '초인종 소리와 택배 기사님에게 짖는 문제'에 손을 대기로 했습니다.

짖기

초인종이 울리면 "매트"라고 지시하고, 간식을 쥔 주먹으로 두 마리를 매트에 유도했습니다. 매트에 앉으면 기다리게 하고, "좋아"라고 해제하는 신호를 줄 때까지 움직이면 안 된다는 훈련을 강화했습니다(자세한 내용은 36쪽 '초인종 짖기를 그치게 하기' 참조).

이렇게 해서 록과 고타로는 매트 위에서 잘 기다릴 수 있게 되었습니다. 친구가 치와와 두 마리를 안고 방에 들어와도, '기다려' 지시로 엎드려서 기다리게 할 수 있었습니다. 개들이 달려들 것을 예상하고 있던 친구가 왠지 맥이 빠진 것을 기억합니다.

두 마리가 스스로를 통제하여 엎드려서 기다려 준 덕분에 평온하게 인사할 수 있었습니다. 다만 치와와 암컷에게는 미움을 샀는지 록은 마음껏 으르렁거리는 치와와 암컷에게 기가 죽고 말았습니다(^^). 물론, 이럴 때 치와와를 혼내면 안 됩니다. 암컷은 수컷을 선택할 권리가 있기 때문입니다(개 이야기입니다! ^^).

그 후로 액셀, 홀라, 아틀라스……. 이렇게 멤버 수가 늘자, 모두 매트에 유도해서 엎드려 기다리게 하는 것은 매우 손이 많이 가는 작업이 되었습니다. 제가 어중간하게 대응해서 개들도 어중간하게 짖기 시작했을 무렵, 식사 준비를 하고 있을 때 초인종이 울렸습니다. 몇 마리가 함께 짖길래 별 생각 없이 개 사료를 한 움큼 바닥에 뿌려 봤습니다. 그러자 개들은 초인종이 울리고 있는데 신경 쓰는 기색도 없이 바닥에 떨어진 사료를 경쟁적으로 먹는 것이었습니다. '이거 괜찮네!'라는 생각이 들어 시간을 벌기 위해서 페트병에 사료를 넣어 그 병을 바닥에 놔둬 봤습니다.

개들은 처음에 페트병 속에 든 사료 냄새만 맡다가 금세 앞발로 병을 쓰러뜨려 데굴데굴 굴리게 되었고, 굴리면 사료가 나온다는 것을 알게 되자 더욱 더 기뻐하며 굴려서 그 행동이 강화되었습니다.

그 중에서도 액셀은 아주 능숙하게 병 속에서 사료를 꺼내서, 이제 병을 굴리는 것은 거의 액셀의 역할이 되었습니다. 다른 개들은 주위에서 보고 있다가, 사료가 병 속에서 굴러 나오면 허겁지겁 먹는 놀이가 된 듯합니다. 초인종 소리에 짖는 것을 그치게 하는 방법은 시간이 흘러 개들의 마리 수가 늘어남에 따라 진화한 것입니다.

개들이 페트병을 가지고 노는 방법을 이해하자, 페트병을 바닥에 놓은 후에 곧바로 놀게 해 주지는 않고 "기다려"를 지시하여 기다리게 했습니다. "좋아"라고 지시하면 이제 놀아도 된다는 식으로 단계를 높여, 기다리게 하는 시간을 점점 늘려 갔습니다.

기다릴 수 있는 시간이 길어지자, 초인종이 울렸을 때 "기다려"라고 지시했습니다. 페트병을 바닥에 놓고 현관에서 택배를 받은 후에 돌아와서, "좋아"로 놀이를 시작해도 된다고 알렸습니다.

최종적으로는 초인종이 울리면 "기다려"라고 지시하고 택배를 받아서 방으로 돌아온 후에 "좋아"라고 말하고 냉장고에서 페트병을 꺼내는 수준까지 훈련하면 견주가 편안하시지 않을까 합니다.

현재 저희 집에서는 초인종 소리에 개들이 짖지 않게 되어서, 초인종이 울리면 "기다리고 있어 봐"라고 개들에게 말을 걸고 저는 방에서 나갑니다. 택배를 받고 돌아와서 그 동안 기다리고 있던 개들에게 "착하게 잘 기다렸구나!"라고 말하면서 확실하게 칭찬하고 간식을 준다는 습관이 생겼습니다. 이처럼 일단 습관을 들이면 간식부터 먼저 줬다가 다 먹고 나서 짖는 사태는 방지할 수 있습니다. 간식은 장기적인 미래에는 사용하지 않아도 되겠지요.

몇 년 동안이나 체벌로 고칠 수 없었던 짖기 문제는 이렇게 즐거운 방법으로 해결할 수 있었던 것입니다.

※ 이 방법은 간식이나 사료를 먹고 싶은 마음이 초인종 소리에 짖고 싶은 마음보다 강하지 않으면 사용할 수 없습니다. 아무래도 짖고 싶은 마음을 능가하는 것을 찾을 수 없는 경우에는 으릉캔(73쪽 참조)으로 그치게 하는 방법도 있습니다.

'전투'보다 '맛있어'!

『써니』의 사례
(미니어처 슈나우저/암컷/1살)

'써니'가 짖는 경우는 여러 가지 있었지만, 이번에는 '청소기 소리에 짖는' 경우를 소개합니다.

덧붙이자면, 저희 집의 애견들 중 '고타로'와 '아틀라스'는 청소기를 향해 짖는 일은 없지만 '액셀'과 '훌라'는 짖습니다. 짖는 것뿐만 아니라 흡입구를 물어뜯어서 저희 집의 청소기 흡입구는 상처투성이입니다. 특히 옆으로 넓은 청소기 헤드 부분을 뽑으면 투쟁심이 불타오르는 것 같습니다!

청소기에 상처가 날 정도로 물어뜯는다고 말씀 드렸는데, 그 모습을 보면 왠지 엉덩이를 뒤로 빼고 불안해 보이는 것이 '무섭지만 싸운다'라는 느낌이 듭니다. 확실히 청소기는 이상한 소리도 나고, 앞뒤로 움직이기도 하고, 여러 방향으로 움직이며 다가오기도 하니, 청소기가 싫어서 움직이지 못하게

막고 싶은 마음도 잘 이해가 됩니다.

그러나 청소할 때 방해가 됩니다(ᄊᄊ). 불쾌한 경험을 하면 청소기 공격을 멈추지 않을까 하고 가볍게 코끝을 청소기로 빨아들여 본 적도 있었지만 멈추지 않았습니다(※ 착한 견주 여러분은 따라 하지 마세요. ᄊᄊ).

그만두지 않는다는 것은 코끝이나 혀를 청소기로 빨아들이는 방법이 벌칙으로서 효과가 없다는 것입니다. 그것을 계속해 봤자 학습이 되지 않습니다.

써니도 비슷한 모습으로 청소기를 향해 짖어댔습니다. 저희 집 개들과 같은 심정이었겠지요. 그러나 써니의 경우에는 견주의 대응에도 약간 문제가 있었습니다.

써니가 짖는 모습을 관찰해 보고 싶어서, 견주에게 늘 하던 대로 청소기를 돌려 보시도록 부탁했습니다. 견주는 뭔가 결심하신 듯이 자리에서 일어나 써니를 '째려보고' 있었습니다. "써니—, 청소기 돌릴까!? 청소기 돌리자!"라고 왠지 부추기듯이 말을 걸고, 그 말에 반응한 써니가 짖기 시작했습니다. 청소기가 들어있는 벽장문에 견주가 손을 대자, 써니가 짖는 소리는 한층 더 커졌습니다. "잠깐만 기다려 주세요!" 저는 무심코 견주를 말렸습니다. "이건 써니 견주님이 더 짖도록 부추기시는 것 맞죠?"

그러자 견주는 어리둥절한 표정을 지은 후, 그제서야 제 말 뜻을 이해하셨는지 웃음을 터뜨렸습니다. "아—. 그렇네요~!"

견주 자신이 별로 자각이 없었던 것은 어떻게 보면 저에게도 신선한 충격이었습니다. 그래서 청소기를 꺼낼 때부터 견주가 써니를 대하는 방식을 바꾸는 작업을 하기로 했습니다.

우선은 써니가 아주 좋아하는 간식을 견주에게 준비하시도록 하고, 순식간에 다 먹는 일이 없도록 장난감 속에 집어넣었습니다. 퍼즐 등의 지능개발 완구도 좋겠지요. 그리고 조용히 "청소(다른 말이라도 상관없습니다)"라고 말하고 장난감을 보여주며 간식이 들어있다는 것을 확인시킨 후, 그 장난감으로 케이지에 유도하여 하우스에 들어가게 했습니다.

간식이 들어있는 장난감도 하우스 안에 넣어주고 문을 닫은 후, 견주는 조용히 벽장에 접근하시도록 했습니다. 써니가 장난감에 정신이 팔린 것 같아서, 청소기가 있는 벽장을 여는 동작까지 하시도록 하고 거기서 일단 정지. 이 과정을 몇 번 반복하자 써니는 벽장문을 열어도 짖지 않게 되었습니다.

그 다음, 써니가 하우스 안에 있는 상태에서 옷장 문을 열어 놓고 이번에는 견주에게 '써니의 하우스에 장난감을 넣어주고 청소기를 꺼내는' 것까지 반복하시게 했습니다. 써니는 금세 청소기를 꺼내도 짖지 않게 되었습니다.

이번에는 청소기를 꺼내 놓은 채로 써니의 하우스에 장난감을 넣어준 후, 청소기 스위치를 켰습니다. 너무 오랫동인 하지는 말고, 치음에는 1~2초부터 시작하는 게 좋겠시요. 이번에도 써니는 짖지 않있습니다. 민약 짖는 경우에는 간식을 더 매력적인 것으로 바꾸어 보십시오. 개는 냄새가 강한 것을 좋아하므로 치즈나 동물 간 등에 반응이 좋고, 이러한 간식은 개의 입장에서 등급이 높은 간식이므로 추천합니다. 훈련을 계속하면서 짖는 대상물에 적응이 되면 간식 등급을 낮춰도 괜찮습니다.

그리고 청소기 스위치를 켜 놓는 시간을 점점 늘려 갑니다. 상당히 오랫동안 켜 놓을 수 있게 되면 청소기를 조금 움직여 보십시오. 처음에는 써니에게서 멀리 떨어진 장소에서 움직였다가 서서히 접근하도록 했습니다. 청소기를 움직일 때는 청소기 헤드가 개를 향해 가는 방향이 되지 않도록 하는 것이 중요합니다. 예를 들어 개가 케이지에 들어가 있는 경우에는 헤드를 케이지와 평행으로 움직여 헤드와 개가 서로 마주보지 않도록 주의하십시오.

짖기

문제행동 part 10

써니는 청소기에게 짖는 것보다 더 먹고 싶은 간식이 있었기 때문에 청소기를 향해 짖는 행동을 먹는 행동으로 억제하는 훈련이 성공했습니다. 이제는 "청소"라고 말하고 공을 보여주면 자기 스스로 하우스에 들어가 청소기 같은 건 쓰든지 말든지 상관없다는 식이라고 합니다. 다만 신기하게도 그 동안 써니가 짖어서 시끄럽게 느꼈을 견주가 이제는 써니에게 너무 무시당하는 느낌이 들어서 조금 서운하기도 하다고 하십니다. 사람은 신기한 동물이지요(^^).

중성화 수술과 짖기의 관계

『야마토』의 사례
(노퍽 테리어/수컷/2살)

산책 중에 다른 개에게 짖을 때가 있다는 상담 요청을 받았습니다. 견주 댁을 방문해 보니, 집 안에서도 꽤 짖는 개였습니다. 그 짖는 행동에 대한 견주의 대처는 일정하지 않았습니다. 제가 방문했을 때는 상당히 오랫동안 계속 짖고 있었는데 견주는 딱히 아무것도 하지 않았습니다.
그래서 평소에는 어떻게 하시는지 여쭤봤더니, "택배 기사님이 왔을 때는 화장실에 가두면 조용해져요"라고 하시는 것이었습니다. 실제로 그렇게 하시는 것을 보여 달라고 했는데 딱히 짖는 것이 가라앉는 기색은 없었습니다. 견주는 "평소에는 조용해지는데……"라고 말씀하셨지만, 그것은 어디까지나 택배 기사님이 왔을 때 얘기입니다. 아무래도 집 안까지 사람이 들어온 경우에는 또 사정이 다른 모양입니다.

짖기

화장실에 들어가 있는 것이 행동을 멈추게 하기 위한 '벌자(※罰子, punisher)'가 되지 않는 것 같아서 화장실에 가두는 것은 그만두고, 짖으면 하우스에 들어가게 해서 천을 덮고 밖이 보이지 않게 가리기로 했습니다.

그러자 처음에는 하우스 밖이 보이지 않는 스트레스 때문에 더 크게 짖기 시작했지만 그것이 영원히 지속될 리는 없었고 마침내 짖기를 그쳤습니다. 짖는 기세가 굉장했던 것에 비해서는 십수 분이라는 비교적 짧은 시간에 진정된 것입니다.

조용해져서 견주에게 천을 걷으시도록 부탁했는데, 천을 한꺼번에 힘껏 걷으셔서 당연히 '야마토'는 자극을 받고 이제 나갈 수 있다고 생각해서 다시 격렬히 짖기 시작했습니다. 다시 짖는 것은 예상하지 못했으니, 그것은 제 실수였습니다. 견주 부부 중 남편 분에게 천을 걷는 의미를 설명하고, 야마토가 조용해지면 하우스 밖을 볼 수 있도록 조금만 걷었다가 다시 짖으면 즉시 천을 덮으시도록 부탁했습니다(35쪽 '케이지 안에서 요구사항 짖기' 참조).

이 때, 천으로 덮거나 천을 걷는 작업은 '짖는다=천을 덮는다=야마토가 싫어하는 일이 생긴다=벌자=행동을 그친다', '조용해진다=천을 걷고 바깥(견주의 모습)이 보이게 된다=야마토가 기뻐하는 일이 생긴다=강화자=행동을 반복한다'라는 원리를 이용하여 야마토에게 학습을 시킨다는 의미가 있습니다. 화장실에 가둔다는 벌자에 비해, 하우스에 들어가 천으로 가린다는 벌자와 조용해지면 천을 걷어 준다는 강화자가 야마토에게는 더 쉽게 이해가 되었는지 야마토는 금세 학습하기 시작했습니다.

집 안에서 짖는 것은 점점 개선되었지만 야마토의 원래 고민은 산책 중에

※ 여기에서 쓴 '벌(罰)'이라는 글자는 원래 의미와 다르게 '행동이 감소하는 계기가 되는 일'이라는 뜻입니다. 반대로 행동이 증가하는 계기는 '강화자(强化子, reinforcer)'라고 합니다.

다른 개에게 짖는 것이었습니다. 그 중 하나로, '가족 이외의 사람이 함께 산책에 따라가면 다른 개에게 짖는 것이 더 심해진다'라는 것이 있었습니다.

가족만 있을 때는 자주 만나는 시바견에게 짖지 않는데 가족 이외의 사람이 있으면 심하게 짖어서 시바견의 견주도 놀란 적이 있다고 합니다. 단, 야마토는 그 시바견의 견주가 쓰다듬어 주면 기뻐하면서 정작 시바견에게는 별로 흥미가 없는 것 같다는 얘기였습니다. 그 말이 이상해서 "가족 이외의 사람이 있었을 때, 야마토를 시바견 견주님에게 인사시키셨나요?"라고 확인한 결과, 시키지 않았다는 것을 알 수 있었습니다.

그래서 저는 견주에게 가족만 산책할 때 그 시바견을 만나도 야마토를 시바견의 견주에게 인사시키지 않도록 부탁해 봤습니다. 그러자 야마토는 짖었다고 합니다. 야마토가 짖은 것은 '시바견의 주인님과 인사를 하고 싶다'라는 요구사항 짖기였던 모양입니다.

덧붙여서 '가족 이외의 사람이 있는 산책'이라는 것은 저보다 먼저 의뢰했던 애견 훈련사가 함께 있었을 때였는데, 그 때도 훈련사의 지시에 따라 시바견의 견주와 인사를 시키지 않았다고 합니다. 야마토의 요구사항 짖기를 개선하기 위해서는 짖으면 시바견의 견주에게서 일부러 멀리 떼어내거나 맛있는 것으로 관심을 끌어서 인사를 하지 않고 지나가는 연습을 하면 되겠지요. 이 때 사용하는 '맛있는 것'은 야마토가 보기에 시바견의 견주보다 매력적인 것이어야 합니다.

시바견에게 짖는 것은 '시바견의 견주와 인사하고 싶다는 요구 짖기'였지만, 정말로 개 자체를 향해서 짖는 일도 많은 듯했습니다. 그러면 문제는 아무 개에게나 다 짖는가, 아니면 짖는 상대와 짖지 않는 상대가 따로 있는가 하는 것이었습니다. 야마토가 짖지 않는 개는 미니어처 핀셔 '차피' 군, 아메

리칸 코커 스패니얼 '비노' 할아버지, 래브라도 리트리버 '피유' 양, 포메라니언 '다로' 군, 토이 푸들 '모모' 양이라고 합니다.

개는 생후 6개월이 지나기 전에 만난 적이 있는 다른 개와는 사이좋게 지낼 수 있는 경우가 많은 듯한데, 그 이후에 만난 개와는 아무래도 서로 잘 맞거나 맞지 않는 것이 존재하는 모양입니다. 그래서 야마토가 생후 6개월이 되기 전에 만난 적이 있는 개가 있는지 물어보니, 차피가 해당되었습니다. 덧붙여서 피유는 1살 때, 비노 할아버지와 다로, 모모는 2살 때 만났다고 합니다. 야마토가 생후 6개월에 만난 차피에게 짖지 않는 이유는 친구가 되었기 때문일 가능성이 높습니다.

그 다음에 저는 견주에게 산책을 나갔을 때 (가능하면) 야마토가 짖지 않은 상대방 개의 성별과, 수컷이면 중성화 수술 여부를 물어보시도록 부탁해 봤습니다. 무척 귀찮은 작업이었을 텐데도 불구하고 견주는 꼼꼼히 조사해 주셨습니다. 결과는 그 날 처음 만나서 짖지 않은 개 3마리 중 2마리는 암컷, 1마리는 중성화 수술을 한 수컷이었습니다. 아무래도 제 추측이 맞은 것 같았습니다.

야마토가 전에도 짖지 않았던 피유와 모모는 암컷입니다. 비노 할아버지는 나이가 많은 노견이라서 짖지 않았다고 생각할 수 있습니다. 다로의 중성화 수술 여부는 확인할 수 없었지만 아마도 수술을 했을 가능성이 낮지 않다는 생각이 듭니다.

덧붙여서, 야마토는 중성화 수술을 받지 않았습니다. '자연 상태로 살게 해 주고 싶다'는 견주의 의견에 따른 것이었다고 합니다. 그러나 그것은 정말로 자연스러운 모습일까요? 짖지 않았던 상대방 개의 통계를 봐도 야마토가 짖는 것은 중성화 수술을 함으로써 아마 개선하기가 극적으로 쉬워지리라는 생각이 들어 권유했지만, 역시나 견주는 수술을 하지 않겠다고 결단을 내리셨습니다.

야마토가 짖으면 길을 가는 사람이 깜짝 놀라 뒤돌아보기도 하고, 야마토의 모습을 보면 도망치는 견주와 개도 있을 정도로 야마토는 심하게 짖었습니다. 그러나 적절한 거리를 확보하면서 '야마토가 개를 발견하면 간식으로 관심을 끌고, 앉게 한 다음에 간식을 준다'라는 훈련을 실시함으로써 조금씩 개선이 보이게 되었습니다.

그것을 계속 반복하도록 지도하면서, 견주의 아이디어인 '짖으면 가슴줄로 들어올린다'라는 것을 실행했습니다. 야마토는 자기 몸이 공중에 매달리는 것이 싫었는지 짖는 일이 줄었다고 합니다. 개 입장에서 사지가 지면에서 떨어지는 것은 불안하니까, 벌자(행동을 감소시키는 요인)로 효과가 있었다는 생각이 듭니다. 이 간식 주기 & 들어올리기 방법으로 야마토는 이제 개가 많이 있는 공원에서도 간식으로 유도해서 다른 개와 5미터쯤 거리를 두고 견주가 상대방 개와 야마토 사이에 서는 등 약간 수고를 하면 짖지 않게 되었다고 합니다.

야마토의 사례는 이러한 견주의 노력으로 중성화 수술을 하지 않고도 개선할 수 있었습니다. 그러나 역시 중성화 수술을 하면 다른 수캐에게 공격적으로 짖는 등의 행동을 완화하기가 틀림없이 더 쉽습니다. 앞으로 계속할 훈련도 훨씬 더 편해질 것이라는 생각은 지울 수가 없습니다. 그리고 암캐에게서 성적 자극을 받아도 야마토가 참아야만 하는 상황은 역시 자연스러운 일이라고 생각할 수 없는 것이 제 솔직한 마음입니다.

'동물행동의학—개와 고양이의 문제행동 치료지침(축산출판사/캐런 L. 오버롤 저/모리 유지 감수)'에 따르면 '공격행동과 호르몬의 상호작용은 복잡하다'라고 하면서도, '공격행동에만 한정한 연구에서는 중성화 수술을 받지

짖기

문제행동 part 10

않은 수컷은 중성화 수술을 받은 수컷보다 공격행동에 나서는 일이 많다는 것이 밝혀졌다.

테스토스테론은 행동조절인자로서 개가 더 격렬하게 반응하도록 작용한다. 중성화 수술을 받지 않은 개는 일단 뭔가에 반응하게 되면 중성화 수술을 받은 개보다 민첩하고 과격하며 오래 반응한다'라고 나와 있습니다. '공격적인 요소가 포함된 짖기, 물기 등의 행동, 또는 다른 견주에게 불편을 끼치는 행동을 개선하려는 경우에는 중성화 수술을 하는 것이 편하다'라고 제가 느낀 것은 이 연구를 통해 뒷받침할 수 있다고 생각합니다.

column

중성화 수술은 개에게 도움이 된다?

중성화 수술에 대해서 저는 어디까지나 애견 훈련사의 시점에서 봤을 때, 일상생활에서 얻을 수 있는 장단점에 대해 이야기할 수 있는 정도입니다. 단, 견주들께서 자주 상담 요청을 하시기 때문에 제 견해를 밝히고 싶습니다.

저희 집 개들 중 수컷 네 마리는 어른 개가 되기 전에 중성화 수술을 마쳤습니다. 암컷 한 마리는 한 번 출산한 후에 중성화 수술을 실시했습니다. 출산을 시킨 이유는 애견 훈련사로서 '어미 개와 같은 무리의 개들이 어린 강아지를 어떻게 길들이는가'를 보고 싶다는 목적이 있었기 때문입니다. 태어난 강아지들은 제가 책임을 지고, 견주가 되실 분들을 찾아 각자 무사히 입양시켰습니다.

출산을 마친 후, 곧바로 중성화 수술을 하지는 않았습니다. 그러나 '훌라'에게 발정기가 왔을 때, 훌라 자신과 다른 수컷들의 모습을 보고 있자니 왠지 안쓰러웠습니다. 암컷의 발정은 출혈이 끝날 무렵에 '플래깅(flagging)'이라고 해서, 수컷을 유혹하는 행동이 나타나는데 이것은 며칠 동안 계속됩니다. 열심히 '고타로'에게 엉덩이를 들이대고 유혹해서 고타로도 마운팅을 했고, 허리를 움직이는 '펠빅 스러스트(pelvic thrust)'라는 행동을 보였습니다. 하지만 고타로는 중성화를 했기 때문에 교배가 될 리 없었고, 훌라도 고타로도 '어, 뭔가 이상한데?'라는 듯이 당황하면서 명백한 불완전연소 상태였습니다. 성적인 스트레스를 받은 것은 확실했습니다.

게다가 그것을 보고 자극을 받은 '액셀'이 짜증이 나서 고타로에게 짖어 보기도 하고 마침내는 훌라 위에 올라탄 고타로, 고타로 위에는 액셀이 마운팅을 하는 일까지 생겼습니다. 그들의 성적 스트레스가 얼마나 심한지 느껴져서 훌라를 하우스에 들어가게 하여 격리하기도 했지만, 저를 포함하여 아무도 행복하지 않았던 것은 사실입니다.

역시 훌라의 중성화 수술을 고려하던 차에 난소에 종양 같은 것이 보여서 망설임 없이 수술을 하기로 했습니다. 수술을 하고 1년 이상 지났는데 저희 집 개들 무리는 평화로운 나날을 보내고 있습니다. 훌라의 성격은 변함이 없고, 발정기 출혈로 인한 핏자국 피해도 전혀 없습니다.

또 제 친구 집에 놀러갔을 때 생긴 일입니다. 친구가 기르는, 중성화 수술을 하지 않은 미니어처 슈나우저가 산책을 다녀오더니 어디선가 발정기에 있는 암컷 냄새를 맡았는지 흥흥 콧김을 불며 침을 흘렸습니다. 그 때는 아직 훌라를 데려오기 전이라서 고타로(왠지 항상 중성화 수술을 하지 않은 수컷들에게 사랑을 받습니다……)에게 열심히 마운팅을 하려고 했을 때는 너무나 안쓰러운 느낌이 들었습니다.

친구가 아무리 말려도 그만둘 기색은 전혀 없었고, '뭔가에 홀렸다'라는 표현이 딱 맞는 느낌이었습니다. 결국 하우스에 갇히고 말았는데, 하우스 안에서 한참 동안 저희 집의 '씨 없는 수박'을 향해 애절한 목소리로 울고 있었습니다.

참으로 가엾은 모습이었고, 강한 성적 스트레스를 받고 있는 듯했습니다.

 중성화 수술을 하고 싶지 않은 견주가 그 이유로 드는 것이 "자연스럽게 살게 해 주고 싶다"라는 것인데, 이런 사례는 정말로 '자연'스러운 것일까요? '짝짓기를 하고 싶다'라는 육체적 욕구를 충족시켜 주지는 않고, 짝짓기를 못 한다는 스트레스에서 발생하는 문제행동인 짖고, 공격적이 되고, 집을 나가는 등의 행동을 길들여서 참게 하는 것은 자연스러운 일일까요……'?

 그렇다고 해서 "매번 교배시켜서 강아지를 낳게 할게요!"라고 하는 것은 일반적인 견주 댁에서는 현실적인 방법이 아닙니다. 계획 없는 출산으로 강아지가 잔뜩 태어나는 것은 '살처분 제로'를 목표로 하는 현재 사회에서 문제가 될 수도 있습니다.

 문제행동을 짊어진 많은 개들을 출장 훈련으로 만나 보면서, 역시 중성화를 하지 않은 수컷들의 행동에는 어딘가 신경질적이고 사나운 부분이 있다는 것을 느낍니다. 특히나 수컷이기 때문에 더 짖고, 침입자(손님)에게 짖거나 물어뜯는 등의 공격성으로 고민하시는 경우에는 중성화 수술로 얻을 수 있는 장점이 크다고 생각합니다. 적어도 자기 영역을 의식한 마킹(영역 표시)에 대해서는 극적으로 감소하는 사례가 많아지고 있습니다. 수컷이라는 성별이 원인이 되어 드러나는 문제행동은 개선하기 쉬워진다는 것이 제 생각입니다.

암컷의 중성화 수술로 얻을 수 있는 장점은, 수컷만큼 알기 쉽게 드러나지는 않는다는 생각이 듭니다. 그래도 상상임신(※) 때문에 봉제인형을 하우스에 물고 들어가서 인형을 지키려고 공격성을 드러내는 경우, 만약 그 일로 견주에게 꾸지람을 듣는다면 불합리하겠지요. 실제로 봉제인형을 지키고 있는 모습을 보면 왠지 안쓰러운 느낌이 듭니다. 원래 갖춰야 했을 모습, 그것을 갖추지 못한 괴로움이 느껴지는 것입니다.

또 의학적 장단점도 있습니다. 자세하게는 수의사 선생님의 의견을 들으시는 게 좋겠지만, 애견 훈련사 수준에서 알아 두어야 할 것도 몇 가지 있습니다.

주된 장점은 수컷에게 많은 질병(전립선비대증, 회음탈장, 항문주위선종, 포피염 등)을 예방 및 개선할 수 있다는 것입니다. 행동 면에서는 영역에 대한 소변 마킹, 성적 마운팅, 수컷끼리의 공격성 등을 억제할 수 있습니다. 암컷은 유선종양을 예방할 수 있고(수술 전의 발정 횟수에 따라 예방률은 변화합니다), 암컷끼리의 공격성, 상상임신으로 인한 점유성 공격성을 억제하는 것 등을 장점으로 들 수 있습니다.

단점은, 암수 공통으로 입원, 마취 및 통증 등의 스트레스를 받는 것입니다. 또한 수술에 따르는 위험이 낮긴 하지만 반드시 무사히 수술이 끝난다는 보장은 없습니다. 그 외에는 도그쇼에 출전할 수 없게 되는 것입니다. 중성화 수술을 하면 나갈 수 없다는 규정이 있다고 합니다.

※ 임신하지 않았는데 마치 임신한 것 같은 상태가 되는 것.

문제행동 part 11

집에 두고 외출하기

당신의 애견은 집에 혼자 남겨지는 것을 싫어하지는 않나요?
집에 두고 외출해도 잘 지내도록 연습시키기 위해서는 개의 관찰력을
파악해 둘 필요가 있습니다.

문제행동 part 11 집에 두고 외출하기

'외출'은 왜 들키는 걸까?

『맥스』의 사례
(보더 콜리/수컷/3살)

 "외출할 때 개가 날뛰는 것을 어떻게든 해결하고 싶어요"라는 상담 요청을 받았습니다. 집에 혼자 남겨지는 것을 몹시 싫어하는 '맥스'는 견주의 외출을 귀신같이 꿰뚫어 본다고 합니다. 인터넷에서 얻은 길들이기 정보에 따라 '외출할 때와 같은 모습을 하고 집 안에 있는다'라는 것을 반복해서 학습시키면 괜찮다고 해서 견주는 여러 가지를 시도해 봤다고 합니다.

 먼저, 외출할 때 입는 옷을 꺼내 입고 현관에 가는 척을 해 봤지만 맥스는 반응하지 않았습니다. 반응하지 않는다면 그것에 적응시키는 작업을 할 수 없기 때문에 맥스가 '주인님이 외출한다!'라고 눈치 채는 행동이 무엇인지 찾아내야 했습니다.

 외출할 때 입는 옷을 걸치고 핸드백까지 들어 보기도 하고, "다녀오겠습니다—!"라고 말하면서 현관에 가 봐도 소용이 없었습니다. 애당초 "다녀오겠습니다"는 맥스를 혼자 남겨두는 것이 아니라 다른 사람이 집에 있어야 부자연스럽지 않겠지요.

개는 그런 것을 아~주 잘 알고 있으니 주의하십시오.

여러 가지 방법을 써 봤는데 외출하는 '척'이면 반응하지 않는 맥스였지만, 어느 날 견주가 정말로 외출하려고 화장을 하고 있었을 때였습니다. 화장 중에 택배가 와서 현관으로 향하자, 맥스가 난리를 피우기 시작했습니다. 아무래도 맥스의 판단 포인트는 '화장을 하는 것'이었던 모양입니다. 실제로 견주는 화장을 하지 않고 밖에 나가는 일은 거의 100% 없다고 합니다. 개의 관찰력은 이따금 우리들의 상상을 아득히 뛰어넘곤 합니다.

개의 관찰력이 얼마나 대단한가 하면, 저희 집의 '액셀'도 이런 일이 있었습니다. 어느 날 아침, 집 근처의 음료 자판기에 주스를 사러 가려고 동전을 손에 쥐자 손 안에서 희미하게 '짤그락' 하고 동전끼리 부딪치는 소리가 났습니다. 개는 금속음에 대한 반응이 민감해서 액셀이 저를 보았습니다. 그 얼굴이 귀여워서 무심코 "너도 같이 갈래?"라고 가벼운 마음으로 데리고 간 것이었습니다.

그 이후, 아무리 조용히 집을 나서려고 해도 동전끼리 부딪치는 희미한 소리만 들으면 액셀이 뛰어오게 되었습니다. 그리고 "나도 가고 싶어!"라고 말하듯이 낑낑 울면서 주장하게 되고 말았습니다. 다행히 액셀은 K9 게임 훈련을 계속 저와 함께 해왔기 때문에 현관에서 "기다려"라고 지시한 후 집을 나서는 것을 반복하자 떼를 쓰지 않게 되었지만 그 정도로 작은 소리를 학습할 줄이야……. 개는 참으로 섬세하고 영리하다는 것이 새삼스레 실감날 따름이었습니다. 집을 나설 때 동전을 지갑에 넣어서 들고 나가라는 의견도 있

으실 거라고 생각하지만요(^^;;;).

다시 맥스 얘기로 돌아가서, 화장만 해도 소란을 피운다는 것은 곤란하니 우선은 개와 올바른 관계를 만들기 위한 베이스 프로그램(자세한 내용은 '개의 문제행동 처방전' 22쪽 참조)을 실시하시도록 견주에게 부탁했습니다. 또한 외출하지 않을 때도 화장을 하고 집에 있는 날을 만드시도록 코칭했습니다.

견주는 밤에 맥스를 데리고 잤습니다. 그것은 맥스가 집에 혼자 있을 때 견주의 빈자리를 더 잘 느끼게 할 수 있으므로 일시적으로 중지하시도록 했습니다. 상당히 아쉬워하시는가 싶더니, 의외로 가능하면 따로 자고 싶었다고 합니다. 그 대신, 낮에 맥스와 함께하는 시간에 심리적으로 밀고 당기기를 하면서 더 많이 신경을 써 주실 것을, 그리고 무시하는 시간도 확실하게 만드실 것을 부탁했습니다.

그 무렵, 마침 견주는 임신 중이라서 맥스를 무시하는 시간을 길게 가지시도록 했습니다. 아기가 태어나면 웬만해서는 개에게 신경을 써 주기가 어렵습니다. 익숙하지 않은 것(아기)이 나타나고 주인님까지 갑자기 무시한다면 맥스도 스트레스가 클 것으로 생각되니 지금부터 무시당하는 시간에 적응시키는 것도 중요합니다.

그리고 보더 콜리는 상당히 많은 운동량이 필요한 견종이므로 산책을 충분히 시켜서 에너지를 소비시킬 것 등도 부탁했습니다. 이것은 점점 불러오는 배를 안고 하기에는 힘든 작업이므로 견주의 남편 분 역할이 될 것 같습니다.

그 후, 아기가 태어나 견주 부부는 역시 맥스에게 거의 신경을 못 써주게 되었다고 합니다. 안타깝지만 안 되는 건 안 됩니다. 견주도 맥스를 깨끗이 무시했고, 아무래도 그렇게 되자 맥스도 포기했는지 집에 혼자 남겨두어도 안정된 상태로 기다릴 수 있게 되었습니다.

화장에 반응하여 소란을 피우는 일도 없어졌다고 합니다.

견주는 아기가 태어난 뒤로 거의 화장을 안 하게 되었다는데, 어쨌든 맥스는 아주 차분해진 것 같아 보인다고 합니다. 사람에게서 관심을 받고 싶고, 자기도 사람에게 관심이 많은 성격을 가진 맥스는 육아에도 적극적으로 참여해서 아기와의 관계도 좋고, 이제 조금 형아처럼 보인다고 합니다!

맺음말

 2012년 9월, 동물보호단체의 보호견이었던 '엘리오스'를 만나고 제 인생은 크게 달라졌습니다.

 일본에서는 매일 아무런 죄도 없는 개와 고양이들이 1,000마리 가까이 목숨을 빼앗깁니다. 그것은 '살처분'이라고 하며, 대부분은 동물보호센터 같은 시설에서 이루어집니다.
 물론 보호센터에서는 생명을 지키려고 유기동물을 입양하실 분을 찾고 있으며, 동물보호단체와 협력하여 최대한 많은 동물들을 살리려고 온 힘을 다하고 있습니다. 다만, 기한이 끝날 때까지 주인을 찾지 못하는 경우에는 살처분을 할 수밖에 없다는 것이 현실입니다.

 개들이 보호센터에 들어오는 이유는 여러 가지입니다. 이사를 갈 집에서 개를 기를 수 없다, 자녀에게 개 알레르기가 생겼다, 개가 성장하면서 털 색깔이 달라진 것이 싫다, 개가 늙어서 손이 많이 간다, 문제행동이 나타나서 난처하다, 번식능력이 없어져서 업자가 버렸다…….
 그 외에도 온갖 이유가 다 있다는데, 저는 그 어떤 이유도 이해할 수 없습니다. 보호센터에 버려진 동물들은 일정한 유예기간이 주어지긴 하지만, 기한 내에 주인을 찾지 못하면 독가스로 살처분 당하고 마는 것입니다.

 이러한 시설 이외에도 비참한 생활을 하는 개들이 있습니다. 그들은 오로지 강아지를 낳기 위해 케이지에 갇혀 그 안에서 일생을 마치는 경우도 있다고 합니다.

임신한 몸으로 분뇨 범벅이 된 포메라니안은 털이 엉킨 덩어리 투성이라서 견종도 알 수 없을 정도였고, 발톱은 마녀 손톱처럼 길게 방치되어 있었습니다. 몇 번이나 제왕절개를 한 흉터가 있는 치와와는 조악한 저급 사료밖에 먹지 못해서 턱뼈가 녹아 있었습니다……. 새끼를 못 낳게 되면 죽을 때까지 방치되는 이 아이들이, 당신이 사랑하는 애견의 엄마일 수도 있는 것입니다.

개를 좋아해서 개에 관련된 일을 하고 있는 이상, 몰랐다는 말로 끝내고 싶지도 않고 어떻게든 제가 할 수 있는 일을 하고 싶습니다. 예전부터 유기견을 데려오고 싶었지만 왠지 벽이 하나 있는 듯한 느낌이 들어서 한 걸음 더 나아가지 못하고 있었습니다. 그러나 '인연'은 그 벽을 너무나 쉽게 무너뜨리고 찾아왔습니다. 엘리오스와 저는 만나야 할 운명이었다고 느낍니다.

이렇게 유기동물을 입양하는 것 외에도 동물보호단체가 주최하는 강연회에 가거나, 유기동물과 보호단체의 존재를 입소문으로 널리 알리거나, 배변 패드나 사료, 쓰지 않는 애견용품 등을 보호단체에 기부하는 등의 방법으로 지원할 수 있습니다.

'구조하는 사람이 있으니까 버리는 사람이 생긴다'라는 사고방식도 있겠지요. 그러나 꺼져가는 생명이 있다는 것을 알았을 때, 그 생명의 불씨를 지키기 위해 최선을 다하고 싶다고 생각하는 것은 사람으로서 당연한 일이 아닐까요? 지금 할 수 있는 것은 작은 일입니다. 하지만 그것이 이윽고 커다란 힘이 될 것이라고 저는 믿습니다.

엘리오스는 지금 저희 집 개들과 함께 카펫 위에서 기분 좋은 듯이 잠자고 있습니다.

살아 있어 줘서 고마워! 그리고 내 곁으로 와 줘서 고마워!

INUNOMONDAI KOUDOU SHOHOUSEN volume 2
CASE STUDY DE WAKARU INUNOSHITUKE
© NORIKO NAKANISHI 2011
Originally published in Japan in 2011 by Midori Shobo Co., Ltd., TOKYO,
Korean translation rights arranged with Midori Shobo Co., Ltd., TOKYO,
through TOHAN CORPORATION, TOKYO, and Eric Yang Agency, Inc., SEOUL.

All rights reserved. No part of this publication may be reproduced or transmitted in any form or by any means, electronic or mechanical, including photocopying, recording, or any information storage and retrieval system, without permission in writing from the publisher.

Translated by BM Publishing
Printed in Korea

[저자 소개]
나카니시 노리코

가정견 훈련소 근무 후, '도그 테크 인터내셔널(호주)'에서 도그 트레이닝 아카데미를 수료. 일본에 귀국 후, 2002년에 애견 길들이기를 출장지도하는 '도기 라보'를 설립한다. JAPDT(일본 펫 도그 트레이너스 협회) 사업기획위원, 프로페셔널 도그 테라피스트. K9 게이머 넘버 23. 애견은 미니어처 슈나우저 5마리와 보스턴 테리어 1마리. 대표 저서는 '개의 문제행동 처방전(백마출판사)' 등.
http://www.doggylabo.com

개의 문제행동 처방전 2

지은이	나카니시 노리코
옮긴이	이도규
펴낸이	이도규
펴낸곳	백마출판사(bmbook.co.kr)
전화	0505-277-0075
팩스	0505-277-0076
등록일자	2004-1-12
등록번호	207-91-43627
발행일	2015년 10월 30일

ISBN 978-89-92849-18-0 13520

정가 18,000원

※파본은 바꾸어 드립니다.

표지 ● 본문 디자인/노무라 미치코 (BEE'S KNEES)
일러스트/요기 도모코
사진/이와사키 아키라, 나카니시 노리코

이 책은 '개의 문제행동 처방전 2(犬のモンダイ行動の処方箋 2)'의 한국어판으로 에릭양 에이전시를 통해 미도리쇼보사와 백마출판사의 독점계약에 의해 출간되었습니다. 따라서 저작권법에 의해 보호를 받는 저작물로서, 이 책의 무단 발췌, 전재 및 복제를 금하며, 어떠한 형태로의 저장과 전송도 할 수 없습니다. 만일 이를 위반 시에는 법에 의해 엄중한 처벌을 받게 됩니다.